BIBLIOTECA

PILAR SORDO

EDUCAR PARA SENTIR
sentir para educar

Una mirada para entender la educación
desde lo familiar hasta lo social

PILAR SORDO

EDUCAR PARA SENTIR
sentir para educar

Una mirada para entender la educación
desde lo familiar hasta lo social

OCEANO

EDUCAR PARA SENTIR, SENTIR PARA EDUCAR
Una mirada para entender la educación
desde lo familiar hasta lo social

© 2017, Pilar Sordo
c/o Schavelzon Graham Agencia Literaria
www.schavelzongraham.com

Diseño de portada: Estudio Sagahón / Leonel Sagahón
Fotografía de la autora: © Marisa Bonzon

D. R. © 2019, Editorial Océano de México, S.A. de C.V.
Homero 1500 - 402, Col. Polanco
Miguel Hidalgo, 11560, Ciudad de México
info@oceano.com.mx

Primera edición en Océano: febrero, 2019

ISBN: 978-607-527-803-2

Impreso en México / Printed in Mexico

A los niños y jóvenes de América Latina, por nuestra dificultad para entender la educación como un derecho que los debe preparar no sólo como buenos técnicos o profesionales, sino como buenas personas que trabajen por conseguir sus sueños y ayuden a crecer a sus países.

Índice

Introducción   13

El fin de las habilidades blandas   19

Educar para sentir las emociones   27

La familia como agente educador de las emociones   49

El rol de la escuela   79

Educación superior   97

Mundo laboral   109

Aspectos sociales que influyen
en la educación emocional   119

Agradecimientos   131

Introducción

Qué emoción estar de nuevo aquí, compartiendo otra de mis caminatas por América Latina, esta vez intentando resolver una contradicción que me preocupa mucho.

Desde que comencé este recorrido —con *Viva la diferencia* en el año 2005— he escuchado las inquietudes de miles de personas y cada vez me queda más claro que la humanidad cambia todos los días en todas las dimensiones. Se ha modificado el concepto de pareja, de familia y de los roles. Hemos aprendido que sexo y género no son lo mismo, lo que se ha incorporado con naturalidad en la educación de nuestros hijos.

Asimismo, la educación ha sufrido diversos cambios. La tecnología, por ejemplo, modificó, entre otras cosas, las formas de comunicación y de educación. Si bien hoy somos más cercanos y expresivos con nuestros hijos, tenemos serios problemas a la hora de poner límites y de entender que antes de ser sus amigos, somos formadores. La autoridad debe ser una expresión del amor que les tenemos y que les ayude a configurar su propia libertad.

La educación pública y privada también ha cambiado y requiere modificaciones profundas de acuerdo con los tiempos actuales, pues se estudian contenidos del siglo XX para educar niños del siglo XXI.

Han cambiado también los paradigmas que rigen la salud, ya que los avances médicos nos han regalado treinta años más, regalo que recibimos sin estar preparados ni saber qué hacer al respecto.

Así, el concepto de salud hoy lo entendemos como algo integral; es decir, en algunos sectores de la población hay un despertar de la conciencia referente a que somos una unidad entre cuerpo, alma, mente y emoción, con la que nos conectamos o vinculamos con los demás.

De igual forma, la conciencia de vivir en un planeta dañado nos ha hecho estar un poco más alertas para cuidarlo y estar pendientes de los cambios climáticos y de lo que debemos hacer para no contaminar tanto. Sin olvidar los recursos naturales, que se han ido acabando por la ambición del ser humano de tener más y vivir lo más cómodo posible, sin querer pagar ningún costo por ello.

También se ha incrementado la conciencia de los derechos que tienen nuestros pueblos y, aunque todavía estamos en deuda con "el deber ser", la conciencia social nos ha hecho seres más pensantes y, en algún punto, más libres.

El mundo laboral también se ha modificado: cada vez es más importante que los empresarios entiendan que sus organizaciones son las personas y no los objetos. Al tener una preocupación auténtica por su bienestar emocional y no verlas sólo como un medio para aumentar la productividad, todo funciona mejor. Se ha despertado un genuino interés por la persona en sí, por "el otro", respecto a la calidad humana y al estricto rendimiento productivo económico.

Se deben unir fuerzas con otros países para erradicar la desigualdad y la pobreza, porque está comprobado que se necesita el apoyo de otras naciones para salir adelante. De algún modo, todos dependemos de todos.

Dichos cambios han generado una necesidad cada vez mayor de desarrollar en las personas habilidades que apunten más al mundo emocional que al racional; habilidades que todos deberíamos cultivar en el marco de la educación formal.

Existe un cierto consenso en que la humanidad transita hacia validar la existencia de seres humanos sensibles, sin prejuicios, solidarios, que busquen la equidad de muchos y no el bienestar de unos pocos, donde las habilidades para expresar lo que se siente, solucionar conflictos, disfrutar de lo simple y desarrollar la bondad por sobre otros valores —como la astucia, por ejemplo— son muy importantes no sólo en el contexto familiar, sino también en las instituciones escolares: desde la primaria hasta el posgrado.

La contradicción que he ido encontrando en mis caminatas es que si bien se necesita este tipo de ser humano noble, sensible y solidario, con muchas de las mal llamadas "habilidades blandas", éstas no se enseñan en ninguna parte, y las instancias donde se revisan son, la mayoría de las veces, desde el punto de vista cognitivo y no desde lo experiencial o emotivo, que es la única forma de que los cambios sean permanentes.

En este libro quiero trazar una línea que vaya desde la familia hasta el mundo laboral, donde los invito a revisar por qué se produce esta contradicción y cómo se podría solucionar desde las bases de la sociedad.

Quiero erradicar el concepto "habilidades blandas" y cambiarlo por otro que reconozca el valor que realmente tienen. No puede ser que a uno lo contraten en una empresa por sus habilidades técnicas y cognitivas, y que luego lo despidan por no contar con aquellas "blandas" que nadie le ha enseñado. En los procesos de selección se revisan los currículums sólo analizando los aspectos del ser humano que fueron adquiridos en la educación formal dentro de las instituciones educativas y no precisamente en la escuela de la vida, que es donde se aprende lo más importante. Como las habilidades aprendidas en esta última no se han trabajado o perfeccionado en la vida laboral, se empiezan a notar los déficits en la dificultad para formar equipos, para empatizar con otros, para expresar emociones y para solucionar conflictos de manera conjunta.

En todos los países de América Latina se están revisando las pautas educativas y están en curso reformas que de alguna manera intentan ir de acuerdo con los tiempos y las necesidades actuales. Desafortunadamente, también parece haber "mano negra" para que no surja demasiada gente pensante y conectada con las emociones. Esto hay que desentrañarlo y erradicarlo para poder formar seres humanos conscientes de sí mismos, del otro y del medio en el que viven.

Por ello analizaremos qué pasa con las emociones en las personas, de qué forma éstas se bloquean desde que somos pequeños, impidiéndonos sentir plenamente. Revisaremos también qué pasa con la educación formal que no parece incluir las emociones en las distintas etapas de formación y de qué manera, por ejemplo, los padres se "adaptaron" a las exigencias de los colegios y se ven en una tremenda dificultad para trabajar en equipo con las escuelas, en donde existe un conflicto de respeto hacia la autoridad o los maestros que nosotros como sociedad les quitamos, colocándonos en trincheras donde familia y escuela se enemistan y donde los únicos que salen dañados son nuestros propios niños.

Existen, también, contradicciones como las que hay entre el consumo —fuente de toda felicidad para muchos— y el hecho de necesitar cada vez menos, paradojas que también intentaremos resolver, seguramente con más preguntas que respuestas.

Estoy en un momento de mi vida en el que mis caminatas se producen con dolor en muchos aspectos, lo que espero me ayude a estar más sensible para enfrentar los retos y contradicciones de nuestro mundo y a la forma en la que se los quiero comunicar. Siempre con aquella simpleza que muchas veces se me critica, pero que es la que me permite, junto con el humor, llegar a sus corazones, que son el centro de todo mi trabajo y mi pasión. Espero nuevamente poder lograrlo.

A lo largo del libro los lectores se podrán topar con dos cosas: por un lado, sentirán que hay contenidos "repetidos" de otros libros, pero que incluí porque son actualizaciones de esas reflexiones pasadas que servirán de sustento para las propias de este estudio. Y, por el otro, podrán sentir angustia, desesperanza y rabia en muchos capítulos. Estas emociones también han pasado por mí; sin embargo, he intentado revirar las de impotencia y deuda con nuestros niños hacia la esperanza de cambio hacia una mejor educación para nuestros países de América Latina. Cuando me refiero a una educación mejor, estoy hablando de una que vaya más allá de lo cognitivo y que incluya variables emocionales, históricas y sociales.

Después de cada capítulo intentaré hacer una síntesis de los puntos que me parecen más importantes para poder expresar las ideas más relevantes que me importa desenredar y exponer en sus generosos corazones.

Ésta es la invitación de esta aventura: "Sentir para poder educar y educar para poder sentir".

Si bien puede sonar a una frase de canción romántica, tiene una profundidad vital que pretendo demostrar en estas páginas, en las que quiero que me acompañen para reflexionar, reconocer y compartir experiencias.

El fin de las habilidades blandas

Cuando analizamos lo que hoy se requiere para desempeñarse en el mundo laboral, evidentemente lo primero es la
formación cognitiva y técnica que debemos tener. Por ello
es que en toda América Latina están en curso reformas educacionales que intentan dar con una educación más inclusiva y de calidad, aunque no sea claro qué se entiende por
ello. A ratos queda la sensación de que esa "calidad" apunta a reforzar sólo conocimientos y aspectos informativos en
distintas áreas y no las dimensiones formativas que nos hacen a todos mejores ciudadanos y mejores personas.

Si partimos de la base de que la gente que está trabajando en este tema debe tener incorporados aspectos que
vayan más allá de lo formal, empiezan a aparecer como importantes otras variables que tienen que ver con las mal
llamadas "habilidades blandas", expresión que, sin duda,
viene de una forma de ver al ser humano de manera muy rí-
gida y conservadora. Ello es equivalente a cuando en psicología se pensaba que la inteligencia era un coeficiente que
daba la respuesta a todas las preguntas.

Evidentemente, las "habilidades blandas" quedan en
un lugar de menor peso e importancia que las habilidades
técnicas o "duras" y, como las palabras generan realidades,

al sólo mencionar estos dos vocablos, nuestro inconsciente se programa para definirlos como algo sin consistencia, sin forma y, por lo tanto, poco relevante.

En general, se entiende por "habilidades blandas" aquellas que tienen que ver con recursos emocionales que tenemos que desarrollar. Se refieren a la expresión de nuestras emociones y sentimientos, con cómo los expresamos y en qué momento, lo que se puede traducir como asertividad. Además, incluyen la capacidad de ponerse en el lugar del otro —la llamada empatía— y, sin duda, la capacidad de manejar y aprender de los conflictos y frustraciones.

En los ambientes laborales, dichas habilidades se entienden como los recursos para formar equipos de trabajo más que grupos, ya que se requiere ante todo la confianza, complicidad, capacidad para manejar la confidencialidad, los egos y las vanidades, y además enfocarse en un objetivo en particular, aun cuando se piense diferente.

Para todo esto se requiere de generosidad, bondad y la intención consciente de querer dar siempre lo mejor de cada uno en beneficio de todos. Por lo que se ve, es algo difícil de lograr, especialmente en países como los nuestros, donde se desconfía de todo y de todos y donde la mayoría de las veces el éxito de otros nos enrabia y es "digno" de alguna sospecha. Si a alguien le va bien, hay algo raro. Los juicios y prejuicios siempre terminan gobernando nuestros discursos con verdades a medias que nunca terminamos de confirmar, porque parece que es estresante averiguar y más fácil juzgar.

Bajo esta mirada, desarrollar "habilidades blandas" —que, expresadas así, como vimos recientemente, las relega a un segundo plano de nuestro inconsciente— se convierte en una tarea difícil, ya que tenemos todo en contra para visualizarlas y, por lo tanto, educarlas en lo privado y en lo público. Por lo tanto, es necesario cambiar el concepto y de aquí en adelante llamarlas "competencias personales" en contraposición a las "competencias técnicas o cognitivas" que cualquiera puede adquirir. Así las llama Lili Orel, una chilena experta en educación, a quien admiro mucho.

Lo ideal es desarrollar estas competencias personales desde la infancia y durante toda la vida, pero, como expliqué en la introducción, si bien existe consenso en que necesitamos impulsar en el ámbito de lo privado y de lo público la presencia de seres humanos con muchas de estas habilidades, paradójicamente en la educación de hoy han pasado a segundo plano.

A lo largo de esta investigación escuché a mucha gente, tanto expertos como personas comunes, y quiero reparar en aquello que me hizo sentido. Desde la perspectiva psicoanalítica, Gabriel Rolón, gran terapeuta argentino, escritor y libretista, apunta que en la educación se niega la formación de la bondad porque se asume que el ser humano nace bueno y que, por lo tanto, sus pulsiones y acciones siempre deberían tender hacia el bien, lo que haría innecesario educarlas conscientemente. Pero de acuerdo con su visión, los seres humanos nacemos con una pulsión hacia la vida y el amor, así como con otra no menor hacia la muerte y la destrucción. Por lo tanto, es muy necesario educar al ser humano que queremos formar y no suponer su bondad como un aspecto natural que no necesita estimulación.

Cuando notamos, por ejemplo, los celos de un niño o niña pequeña frente a su hermano o hermana recién nacido, los padres deben enseñarle a ese niño a amar a este ser que acaba de llegar, y hacerle entender que el bebé es un ser al que le duele si se le golpea. De estos ejemplos hay muchos, pero todos terminan por confirmar que la educación de estas competencias personales hay que estimularlas desde el primer día de vida y no dejarlas pasar en ninguna instancia educativa.

Otra explicación de la poca conciencia que tenemos de la importancia del desarrollo de las competencias personales es que hoy, cuando todo se mide, paradójicamente es muy difícil evaluar y medir dichas competencias, porque muchos de los conceptos que las envuelven son relativos y aprendidos desde la experiencia. Lo que hoy entendemos por ciertas cosas no es lo mismo que lo que entendíamos hace años, sobre todo en lo que a relaciones afectivas y emocionales se refiere.

Es como aquel cuento budista donde el alumno le pregunta a su maestro cómo sabe si está avanzando o no en la vida; el maestro le dice que dentro de él tiene dos lobos, uno bueno, generoso, empático y solidario, y otro competitivo y egoísta. El alumno reconoce tener ambos aspectos dentro de sí mismo y le pregunta cómo sabrá cuál ganará la pelea al final del día, ante lo que el maestro simplemente le contesta: "Al que alimentes más".

Éste parece ser el gran asunto: a cuál "lobo" estamos alimentando más para construir la sociedad en la que queremos vivir. Sin duda, la mayoría tenemos la certeza de que este camino va por el lado de las competencias personales, sin desconocer que las habilidades técnicas son importantes y que deberían estar al alcance de todos.

Otra postura que va por lo filosófico es la convicción de que los seres humanos no nacen ni buenos ni malos, simplemente nacen, y va a depender de la estimulación de uno u otro lado el ser humano que se forme. Personalmente creo que nacemos más buenos que malos y que esta bondad o predisposición al amor y al otro se pierde cuando intentamos "domesticar" desde lo externo a los niños y niñas, haciéndolos desconectarse de su mundo interior desde muy pequeños. Les empezamos a enseñar que no se escuchen y que oigan los ruidos del mundo que son los que generan placer y, por supuesto, toda la confusión de valores en la que vivimos. El colegio o la escuela parece no haber encontrado el camino ni el sistema para potenciar ese mundo interno, ya que rápidamente todo se vuelve medido, diagnosticado desde fuera y lo interno pierde poder y credibilidad, que es lo peor. En lo que coincidían todas las personas entrevistadas es en que estas habilidades, que a veces se pueden confundir con valores —y que se las apropiaron ciertos sectores—, hay que educarlas y no se van a formar en las personas por "generación espontánea".

Parece contradictorio, pero cientos de personas que participaron en este camino decían haber sido contratadas en determinado empleo por sus habilidades técnicas y despedidas por no tener estas competencias personales que se dan por sentadas pero que claramente no tienen.

Hoy, con la invasión del "dios del siglo XXI" —que al igual que la santísima trinidad tiene tres caras: celulares, computadores y televisores—, cada vez se hace más difícil desarrollar con holgura estas competencias. De hecho, este "dios" se está reduciendo a uno solo: el teléfono inteligente, que tiene una gran desventaja respecto a los otros dos, y es que no se puede compartir, ya que es intrínsecamente individual y fomentador del egoísmo. La dificultad que tenemos para mirarnos a los ojos, para expresar frente al otro lo que sentimos o necesitamos es tan grande que es importante que aprendamos a enseñar y compartir estas habilidades, primero al interior de la casa y después en la escuela, aunque nos resulte cada vez más difícil.

El desarrollo tecnológico nos lleva a una nueva forma de comunicarnos y de transmisión de verdades que, si bien tiene un alcance enorme, es un espacio propicio para guardar nuestras emociones y no para dar la cara, incluso para esconder las emociones más primarias. Sin duda, esto es mucho peor en algunos países hispanos en donde a la gente le cuesta mucho más hablar y comunicar lo que siente, por ejemplo en Chile, Perú, Bolivia y Paraguay.

El escenario no parece muy propicio a la hora de formar estas competencias personales por lo que, con más razón aún, la educación debe apuntar a desarrollarlas, no sólo porque el tipo de ser humano que nuestra evolución necesita es un ser que vibre energéticamente muy alto para estar en la mejor versión de sí mismo, sino que porque los requerimientos laborales y productivos demandan este ser desarrollado por los cambios en el mundo de lo productivo, que analizaré con ustedes en este libro.

Es ilógico que en una entrevista de trabajo en la que las preguntas más importantes que se le hacen al postulante son las relacionadas con sus fortalezas y debilidades sean las que menos se tomen en cuenta a la hora de ejercer su trabajo. Vivimos en un mundo que está volcado hacia fuera y que tiene la tendencia a no estimular demasiado las reflexiones internas o la introspección, es decir, que la ausencia de preguntas parece ser la constante. Pero soy positiva y creo que hoy hay fuerzas emergentes que nos están llevando a pensar en temas que nos obligan a mirar nuestro interior y, por lo tanto, a preguntarnos más sobre nuestras acciones y vocaciones, que son las que generan otros estados de conciencia que ayudarán en un futuro cercano a que surjan seres humanos más libres y plenos, que no vivan tan pegados a un sistema al que no le conviene tener mucha gente pensante y reflexiva.

Por eso es que analizar qué pasa con nuestras emociones para comenzar. Los invito a pensar cómo se educa en el terreno de lo emocional con base en la cultura de los países latinoamericanos. Las estructuras del sistema educativo son castradoras de las emociones y, por eso, el aprendizaje de competencias personales se convierte en un maravilloso desafío.

Por lo que quiero repasar lo siguiente:

- Se sustituye la expresión "habilidades blandas" por "competencias personales". Con esto se pretende colocar en un mismo nivel de conciencia e importancia las habilidades cognitivas y las habilidades emocionales.
- Se postula, después de escuchar muchas versiones, que estas habilidades no son espontáneas, sino que hay que cultivarlas desde la primera infancia, para que no se pierdan en la educación tanto informal como formal.

- El ser humano nace bueno, pero corre el riesgo de corromperse en los primeros años si no es reforzado desde lo emocional y principalmente desde la familia. Las pulsiones de muerte —como las llaman los psicoanalistas— existen y tienen que ser encauzadas y moduladas desde el comienzo de la vida con el amor, la ternura y los límites claros.
- Para instruir sobre estas competencias personales hay que comenzar por la educación emocional, fuente del próximo capítulo.

Educar para sentir las emociones

Para enseñar a los demás, primero has de hacer tú algo muy duro.

Para educar en competencias personales, lo primero que tenemos que preguntarnos es qué pasa con las emociones y cómo las aprendemos, para expresarlas y canalizarlas de forma sana y adecuada. Como lo he dicho en mis conferencias y en otros libros, la expresión de las emociones es clave en el desarrollo de cualquier ser humano que vaya a desempeñarse en el mundo de hoy y del futuro.

Al analizar las emociones básicas o primarias hay cuatro que debiéramos saber reconocer en el cuerpo, expresarlas y registrarlas todos los días en nosotros y en los que amamos. Estas emociones son la rabia, la pena, el miedo y la alegría.

Tengo que decir con mucha tristeza que en la mayoría de los países de América Latina estamos mal, en deuda con las cuatro y con el potencial de salud que tiene para expresarlas.

Voy a partir por la alegría, la positiva, que se supone sería la más fácil para expresar y es la que nos sostiene cuando la estamos pasando mal en la vida. Como lo dije en *Bienvenido dolor* y *Oídos sordos*, tenemos serios problemas con la alegría. En la mayoría de nuestros países se compró al contado la afirmación de que "la risa abunda en la boca de los tontos"; todavía tenemos maestros que regañan a los niños en el aula porque tienen ataques de risa, pero no lo hacen de igual forma cuando pelean. Reírse mucho es visto como un signo de inmadurez, liviandad, de ser poco inteligente, poco culto y poco serio, además de poco creíble.

Además, descubrimos en la última actualización del estudio de la felicidad que la forma en la que uno se ríe también es importante. El reírse fuerte con ese "ja, ja, ja" que se escucha alto es considerado poco fino porque "hay que reírse con la boca apretada", sin mostrar los dientes, porque si se me ve mucha garganta, "entonces nos faltó educación".

El ataque de risa, ese que se encuentra en extinción en nuestros países, con el que a uno le tiemblan las piernas, llora y le dan ganas de hacer pipí (o se hace nomás, dependiendo de la edad y la incontinencia urinaria) es mal visto por algunos. Dicho ataque de risa que se convierte en espasmos y al día siguiente se manifiesta en dolor de estómago o de mandíbula por todo lo que se rio, es cada vez más escaso y además sabemos que genera rabia o molestia en quienes lo presencian.

Desde los cuatro años en promedio, ya no nos podemos reír con tanta libertad y es asombroso cómo nuestros niños nos ven y nos escuchan cada vez menos reírnos a carcajadas.

Hace muy poco tiempo, en un encuentro con mil doscientos adolescentes chilenos de los más diversos sectores, les preguntaba si en el curso del último año habían visto a sus padres o adultos cercanos reírse a carcajadas o que tuvieran un ataque de risa, y ninguno de ellos levantó la mano. Lo mismo pasó cuando pregunté si los habían escuchado cantar o bailar en su vida cotidiana y no en el ámbito de una fiesta, y tampoco. Sin embargo, cuando pregunté si los habían escuchado decir que estaban cansados y que les dolía algo, los mil doscientos levantaron la mano.

Algo pasa en el mundo de los adultos que nuestros niños y adolescentes no nos están viendo reír, pero sí quejarnos y no ser agradecidos. Esto explicaría, en parte, por qué hay tanto consumo de alcohol y otras sustancias en la juventud, ya que la falta de habilidades sociales es tan brutal que los jóvenes aprenden a buscar afuera lo que no ven en sus modelos, o lo que no saben buscar en su mundo interior. Aquí, la búsqueda o, mejor dicho, la evasión del silencio como "viaje hacia el interior" parece ser clave para que esta carcajada no se produzca.

Me preocupa que el asunto de las pocas carcajadas tiene un origen y una consecuencia educativos, ya que por ausencia de testimonio y falta de educación informal en la risa como un elemento de salud mental de un pueblo, nos privamos de todos sus beneficios. De hecho, hoy está ocurriendo un fenómeno muy preocupante que comprobé hace pocos días en Chile, en la ciudad de Calama. Cada vez es más frecuente que los padres y madres que se ríen fuerte y bailan y cantan solos por la casa son literalmente censurados por sus hijos.

Los padres y madres sienten vergüenza cuando expresan su alegría ante estos hijos que les llaman la atención, cuando ellos deberían ser los primeros en reírse así. Cómo será de extraño ver reír a carcajadas a los adultos, que muchos niños cuando tienen la bendición de tener padres o abuelos que la expresan, sienten que es una conducta anormal y desubicada...

Un ejemplo de esto es la historia que me contó una madre en Calama, quien me dijo que ella, al sentirse permanentemente juzgada por su hija y, por ende, avergonzada, estaba dejando de reírse para no hacerla sentir mal por esta "locura", como lo llamaba su hija al ver a su madre contenta.

Al hacerla reflexionar, le pedí que se trasladara mentalmente al día de su muerte y que se imaginara a su hija hablando de ella en su funeral. Al preguntarle: "¿Qué crees que tu hija dirá de ti y qué es lo que en ese momento dirá que extraña más?", ella, muy emocionada, dijo, sin dudar, que lo que más echaría de menos su hija serían sus carcajadas. Después nos reímos juntas cuando le dije que cada vez que su hija la viera reírse, ella como mamá simplemente contestara que esa carcajada, ese baile o esa canción eran tema para su funeral.

Creo que independiente de lo divertida de la historia, ésta refleja un fenómeno que no deja de preocuparme, y es que los niños sienten que jugar, reír, bailar y cantar en el mundo adulto es un signo de ridículo y vergüenza y, peor aún, resulta ser que los padres les hacen caso, sintiéndose avergonzados cuando lo hacen.

La alegría y la risa son sancionadas como un signo de inmadurez y de poca cultura o educación. En términos psicológicos es casi una "falla en el control de impulsos". Es muy triste pensar que cueste tanto reírse y que haya que pasar una serie de barreras sociales para poder hacerlo en libertad. Más aún, tiene un costo para la persona que lo experimenta.

En *Bienvenido dolor* explicaba que como a muchas personas les daba rabia ver a gente reírse y contenta, entonces aparecían los llamados "anticipadores de desgracia", que son expertos en arruinar las cosas desde el "realismo". Estos seres, que aumentan cada vez más, son expertos en todo; saben mucho de economía y política y ahora se han hecho especialistas en clima y alimentación saludable. Andan por la vida oscureciéndole la existencia a cualquier persona positiva, entusiasta u optimista, diciéndoles que lo bueno que están viviendo se les va a acabar.

Esto se une a otro fenómeno que es más bien histórico y que tiene que ver con la colonización que sufrimos. Fuimos colonizados por la civilización judeocristiana, en la que la culpa es un tema central, y como consecuencia negativa, nos la dejaron instalada en las venas. Pero no es cualquier culpa: es la culpa por estar bien, por estar viviendo un buen momento, por no estar sufriendo. Cualquier persona que esté pasando por uno de esos momentos maravillosos en la vida, donde todo está apacible y tranquilo, inevitablemente se empieza a asustar, pensando en cuándo se le acabará semejante placer. Es como si tuviéramos que pagar por estar bien y, de hecho, tendemos a suponer que mientras más tiempo dure ese estado de bienestar, mayor será el pago que tendremos que realizar.

En Chile, por ejemplo, mi generación (los nacidos en la mitad de la década del sesenta) creció en muchas zonas del país con una frase que decía que "si uno reía un martes, lloraba un viernes...". Eso explica esta tendencia al susto de reírse y a sentir que hay que pagar por pasarla bien.

Esto, de alguna manera se deriva de las creencias que nos inculcaron desde pequeños: "Transitamos por un valle de lágrimas", y lo bueno de la existencia no está en este mundo, sino en "la otra vida...". Además, que vamos a "parir a nuestros hijos con dolor", "que el sustento se gana con el sudor de la frente", "que la letra con sangre entra" y un sinfín de frases estúpidas que nos cargaron de ansiedad. Reforzando que lo bueno de la vida, "dura poco", "el pan se quema en la puerta del horno" y tantas otras afirmaciones que nos impiden disfrutar de forma tranquila los momentos de bienestar y, sobre todo, nos impiden tener conciencia de que el hecho de que estas creencias y estados de ansiedad se mantengan, depende de nuestro trabajo personal y del desarrollo de la voluntad.

Algunas mujeres tenemos una superstición que denota la culpa y lo poco que podemos disfrutar de la paz y los estados de bienestar. Es cuando decimos que si dejamos la bolsa en el suelo se termina o va el dinero. ¿¡Qué!? He aprendido algunas cosas en la vida, pero si algo tengo claro es que ¡el dinero se va cuando uno lo gasta! Pero, para llegar a suponer que la tierra tiene un poder succionador de la energía monetaria, hay que estar muy mal de la cabeza. Esta superstición nos hace pensar en cómo nos ha perjudicado la culpa de sentirnos bien, que ni siquiera un mínimo estado de placer como tener unas pocas monedas, lo podemos disfrutar sin miedo. Porque somos esclavas de las supersticiones y del miedo de perder el bienestar o de que nos dure poco.

Los llamados "anticipadores de desgracias" y la culpa generan dos consecuencias no menores en nuestro sistema social. Por un lado, las buenas noticias no se cuentan porque tenemos miedo de que, al contarlas, las hagamos desaparecer. Nos anticipan que "si contamos que nos llamaron para un trabajo, no lo vamos a conseguir"; y que debemos permanecer callados para "mantener la energía". Y así, sucesivamente, con todas las cosas buenas que nos pasan: "Es mejor no contárselas a la gente". Ni siquiera puedo decir que estoy feliz con mi pareja frente a otras mujeres, porque me la pueden quitar. Podría gastar muchas páginas de este libro dando ejemplos de cosas que no se pueden contar por el riesgo a perderlas y cómo esto mismo explica que, de cierta forma, nos sintamos aliviados al ver noticiarios que sólo muestran desgracias, porque si sólo fueran buenas noticias, no las creeríamos. Suena tan patológico escribir esto... pero así es como lo percibimos; no sólo desde el inconsciente, sino también desde el discurso social.

Debido a las falsas creencias, las supersticiones, el miedo y la culpa, nos hemos transformado en sociedades a las que les cuesta mucho trabajo ilusionarse y aceptar lo bueno sin culpa. Le tenemos tanto miedo a sufrir, que preferimos no ilusionarnos. Y al no poder ilusionarnos, no trabajamos por nuestros sueños. Éste es un pésimo mecanismo y aplicamos lo que en psicología cognitiva se llama "entrenamiento en resignación", que consiste en prepararse siempre para el peor escenario, para que la desilusión no nos tome desprevenidos.

Lo que más me preocupa de esta problemática es que el tema de la falta de ilusión se transfirió a la educación de los niños y veo de forma alarmante a miles de papás y mamás preparando a sus hijos para tener fracasos y no grandes éxitos. Existe la premisa de que como no queremos que nuestros hijos sufran, los preparamos para que les vaya mal y no para que puedan cumplir sus sueños. No se me va a olvidar nunca un papá que, en la fila de la caja del supermercado, le decía a su hijo que le sería difícil quedar en la selección de basquetbol del colegio ese año. El niño, de nueve años, le respondió muy convencido que él estaba seguro de que se quedaría, que él era bueno para ese deporte y que se quedara tranquilo. El padre insistía en la estupidez de que "aunque él sabía que su hijo era bueno y porque lo amaba, le gustaría que se preparara en caso de que no lo admitieran en el equipo, porque no quería, como papá, verlo sufrir".

Fue tal mi asombro que le dije que lo que su hijo tenía que haber escuchado de él es que va a ser campeón mundial de basquetbol y estimularlo para eso. Si no queda en la selección del colegio, llorará y volverá a empezar, pues el sueño sigue. Pero definitivamente no podemos preparar a los niños para que las cosas no les resulten bien, sino ayudarlos a entender que si luchan por un sueño con voluntad van a obtener un logro.

El tema de la educación de los sueños lo voy a desarrollar en otro capítulo, pero ahora quiero mencionar que por no querer que nuestros hijos sufran —por protegerlos demasiado— les estamos impidiendo tener contacto con la ilusión, con todas las repercusiones que eso tiene para su desarrollo emocional de ahora y, posteriormente, laboral.

En lo que se refiere a las emociones positivas, la alegría es muy compleja de expresar, y está muy enredada por factores culturales que nos impiden reírnos sin control por la sanción social que implica. Se supone que esta emoción que nos hace tan bien, debería ser la más fácil de expresar... como sucede con las difíciles.

Sigamos ahora con la emoción que a mí me parece la más difícil de expresar: la tristeza o pena, como se le llama en muchos países. Hago esta aclaración porque en muchos lugares "pena" significa vergüenza. La tristeza es una emoción sancionada aun antes que la alegría, y cuando decimos que alguien se emocionó hasta las lágrimas, ya sea de alegría o de tristeza, es que esa persona "se quebró". Esta frase, que parece un tanto divertida, viene de la arquitectura y de la resistencia de los edificios frente a los terremotos. Sucede que los edificios que se caen por los terremotos son los que no se mueven, en cambio los que resisten son los que oscilan con la onda sísmica; incluso se mueven mucho rato después de que el sismo ha pasado.

Las construcciones que se mantienen rígidas se "quiebran" por dentro y, de este modo, no se puede evitar la salida de la estructura interna del edificio hacia fuera, y esa es la analogía que se hace con las estructuras mentales: las personas que se "mueven" con la vida no se quiebran, y es muy probable que tengan la flexibilidad de adaptarse a lo que ella les ofrece y, por ende, menos probabilidades de generar depresiones u otro tipo de trastornos psicológicos.

Las personas rígidas, en cambio, se quiebran cuando la vida las sorprende con cosas que no pueden expresar, siendo incapaces de evitar la salida de las lágrimas. Esto deriva de una pésima definición de fortaleza que manejamos en Latinoamérica, donde se asume que la gente fuerte es a la que no le pasa ni expresa nada. De hecho, cuando uno transita por situaciones difíciles, lo primero que escucha —y yo lo he escuchado mucho en este tiempo en que estoy enfrentando una serie de dolores— son frases como "tú eres fuerte, Pilar", "tú eres capaz". Lo que me están diciendo es que no llore, que no exprese ninguna emoción, porque perdería fuerza y con eso me "invitan" a enfermarme por no poder decir lo que siento.

La fortaleza nunca ha significado invulnerabilidad, sino lo contrario; la gente que de verdad es fuerte, la que resiste todo lo que la vida le puede traer, es la vulnerable. Así como la que ríe cuando tiene que reír y llora cuando tiene que llorar. La que pide perdón cuando se equivoca, la que dice "te quiero" sin vergüenza, la que pide ayuda cuando la necesita, y la que no tiene problemas para expresar todo lo que le está pasando. Estas personas son las más fuertes y las que difícilmente podrán crearse cuadros psicológicos dañinos a lo largo de su vida.

Las otras, en cambio, las rígidas, las que parecen invulnerables y que además ostentan la no expresión de emociones, tienen muchas más probabilidades de enfermarse. Es por esto que en el desarrollo de las competencias personales hay que entender que la expresión de emociones es un gesto de fortaleza y no de debilidad. Relaciono esto con la expresión de la alegría, porque ambos fenómenos tienen que ver con la sobrevaloración del "cara de culo", como le llamábamos en la investigación a un estereotipo, ya sea hombre o mujer, cuya conducta primordial es el mal humor, y que tiene una valoración sociocultural positiva, porque es considerado inteligente, creíble, sólido, culto, maduro y con problemas importantes. Este ser se contrapone con el optimista, entusiasta y liviano, que genera la persona de buen humor, cuyo comportamiento suele ser evaluado como inmaduro y poco serio y creíble.

Aquí surge un fenómeno que es digno de análisis para el propósito de este libro. La primera frase que escucha alguien que empieza a llorar, ya sea por tristeza o por alegría, es: "No llores". Basta que a una persona se le humedezcan los ojos para que escuche de cualquier interlocutor que esté a su lado: "No llores". Tenemos un problema con el llanto; por más que hayamos avanzado culturalmente y ya no se diga que "los hombres no lloran", llorar sigue siendo para todos un signo de debilidad o de manipulación; y quizá por eso el "no llores" es de uso tan masivo.

Le tenemos miedo al llanto, como si pensáramos que llorar nos lleva a un hoyo profundo del cual nunca vamos a salir y, por ende, preferimos no hacerlo. Existe la creencia de que si lloro me deprimo, cuando incluso podría ser al revés.

El llanto no es nada de eso, sino una liberación de tensión y energía necesaria. Llorar hace bien, sin duda. Se presenta partiendo suave y va subiendo su intensidad hasta llegar a un clímax que es como el "festival de las lágrimas", desde donde empieza a bajar, hasta que se acaba.

Lo que sucede es que cuando la curva empieza a subir, nos asustamos y comenzamos a intervenirla con agua y medicamentos, preguntándonos y obligándonos a decir lo que nos pasa. Todos sabemos lo difícil que es llorar y hablar al mismo tiempo; la gente tiene que llorar primero y después explicar qué le pasa. Incluso la obsesión por los medicamentos en los procesos de llanto tiene que ver con nuestra más absoluta incompetencia al no saber qué hacer con el llanto del otro y frente a este sentimiento lo "drogamos" para que no moleste y no le genere angustia a los acompañantes.

Es cada vez más frecuente que cuando vemos llorar a otro, éste lo haga con ese llanto espasmódico que altera la respiración y con una angustia que genera vasodilatación e inflamación de la piel. Este dato no es menor, sobre todo con los niños, porque cuando lloramos con angustia, la mayoría de las veces indica que debiéramos haber llorado antes. Al acumularse "tantos llantos", "reventamos" en una crisis que si se hubiera vivido cuando tenía que pasar, seguramente habría sido más suave y fácil. De hecho, la pregunta que uno tendría que hacerse al llorar en forma angustiosa es: ¿por qué no pude o no me dejaron llorar antes?

Me llama mucho la atención la disposición que tenemos hoy para ver películas o series que estimulan nuestras emociones para llorar todo lo que no podemos llorar con otro. Por ejemplo, ¡en los maratones de Netflix lloramos las penas del año!, lo que me parece tremendo.

Es un hecho que cada vez lloramos menos. Los invito a recordar cuándo fue la última vez que lo hicieron y cómo fue, porque lo que es seguro es que si empezaron a llorar con otro, éste les dijo que no lloraran más. Si lloráramos más de lo que lo hacemos, seguramente tendríamos menos migrañas, menos jaquecas, menos colon irritable, menos dolores de espalda, cervicales o lumbagos y tantos otros cuadros que se producen por la acumulación de tristeza en nuestros cuerpos. Creo que lo mismo pasaría si nos riésemos más.

Quiero recordar que una de las etapas del duelo, la tercera, que es la de la tristeza, es considerada la más complicada, porque coincide con muchos aspectos individuales y sociales. Primero, es la etapa en la que la gente desaparece del entorno y la persona empieza a vivir su proceso en soledad; muchas veces sintiendo que su tristeza es una molestia para el resto. Es entonces cuando comienzan a escucharse una serie de frases generadoras de culpa que mucho tienen que ver con nuestra educación: "No lo estás dejando descansar", "Si lloras, él no asciende", "A él le gustaba verte contenta". La verdad es que son miles las frases de mierda que todos los que hemos experimentado duelos escuchamos más de una vez. Además de la tristeza vivida por la pérdida, tenemos que desarrollar la culpa y asumir la tarea de "hacernos cargo del alma del otro". Ahora que lo escribo y lo leo, lo encuentro tremendamente absurdo. Obvio que al difunto le gustaba verme contenta, pero eso era cuando estaba con él; ahora que no está, tendrá que entender que tengo pena y, si puede, que venga a ayudarme desde "el otro lado"... seguro tiene más recursos que yo.

Todos estos fenómenos llevan a que los duelos sean instancias poco respetadas y condicionadas por instrucciones contradictorias para vivirlos, lo que expliqué largamente en *Bienvenido dolor* y *Oídos sordos*. En lo que quiero detenerme ahora es en que el llanto y la prohibición de expresarlo son un problema para nuestra educación. En la última actualización del estudio de la felicidad descubríamos que alrededor de los dos años, si un niño se cae al piso, se hace una herida en la rodilla y llora, llega toda la familia, o por lo menos los adultos que estén con él, y le dicen: "No llores, mi amor, ¿ves que ya pasó?", o "No seas exagerado, sana, sana, no llores más". Mi pregunta es: ¿por qué no puede llorar? ¿Por qué no puede expresar ese dolor, en este caso físico, y sacarlo de sí? ¿Por qué se entiende el llanto como un signo de debilidad o de manipulación?

Imaginemos que si, en promedio, a los cuatro años no podemos reír porque es un signo de inmadurez y de poca inteligencia, y al año y medio tenemos prohibido llorar por las razones antes expuestas, todas las patologías sociales que tenemos como el sobrediagnóstico de la depresión, crisis de pánico y bipolaridad, entre otros, se podrían explicar dentro de este análisis. De este modo, resulta evidente que la repercusión en la educación de estas limitaciones es enorme, ya que el terreno donde se sembrarán los contenidos a aprender se encuentra con un bloqueo de base difícil de superar.

Es por esto que lo que pasa con el llanto y con la alegría es muy importante desde el punto de vista educativo, ya que los niños y niñas se muestran en la vida para sus aprendizajes cognitivos como "apretados" emocionalmente para aprender.

Otro tema sobre el que me interesa reflexionar —y que es un gran enredo— es el de la muerte. No quiero entregarles malas noticias (a lo mejor hay alguien leyendo que no sabe que todos nos vamos a morir), pero si alguien no lo sabía, ésta es la única verdad para la existencia humana: todos nos vamos a morir. Es raro que siendo ésta nuestra única certeza, nunca podamos hablar de ella; de hecho, existe la superstición de que "de la muerte no se puede hablar, porque al hablar de ella se le llama", lo que es más ridículo que la teoría de la bolsa en el suelo mencionada anteriormente. Esto que debería darnos risa, gobierna muchas de nuestras conductas, aunque no sea conscientemente.

Las razones por las que no hablamos de la muerte son muchas. Entre otras, lo tremendamente ineficaces que han sido la mayoría de las iglesias que nos "acogen" a la hora de explicarnos el concepto, mostrándose llenas de contradicciones y de miedos que nos llevan a transitar por la vida con un gran apego y, por lo tanto, sufrimiento ante la muerte. Los mensajes son supuestamente liberadores, pero los vivimos con mucho dolor. Los orientales dicen que la mayor causa de sufrimiento humano es el apego y que mientras más libre sea nuestra forma de amar, menos sufriremos en la vida y tendremos toda la libertad del mundo para expresar lo que sentimos.

Nos da miedo hablar de la muerte, eso es un hecho. Si bien deberíamos platicar con todos los que amamos lo que queremos que pase el último día de nuestras vidas, no lo hacemos porque nadie acepta que hablemos de eso. Casi lo mismo que ocurre cuando lloramos.

En algún momento les hablé de la conciencia de muerte y aquí les quiero contar una experiencia que tuve hace meses en Chile, aprovechándome de la cantidad de migrantes que han llegado a nuestro país. En un taller donde participaron colombianos, venezolanos, dominicanos, peruanos, bolivianos, argentinos, uruguayos y chilenos, platicábamos de diferentes temas cuando, de repente, sin que ellos supieran, entró un actor desconocido caracterizando a un personaje alto, vestido de negro, que me dijo: "Pilar, buenas tardes, soy la Muerte y te vengo a buscar, llegó la hora de partir". La sorpresa de los asistentes fue inevitable y yo le dije a la Muerte que me iba feliz, pero que antes le dijera lo mismo a todos los participantes del taller.

Las reacciones fueron increíbles, casi el 98% de ellos le decían que por favor volviera en unos dos días más; algunos incluso le pidieron una semana. Los argumentos eran los mismos en todos: "Quiero arreglar mi situación de pareja primero", "Déjame ir a decirles a mis hijos que los amo", "Tengo una hermana a la que no he visto", "Quiero ir a la playa antes de partir", etcétera. Fuimos muy pocos los que afirmamos no tener nada pendiente y que si bien no nos queríamos ir, estábamos listos.

Una historia que me interesa contarles es la de un campesino chileno de ochenta y seis años, que cuando la Muerte se le acercó, le dijo con una gran sonrisa: "Te llevo esperando desde hace mucho, pero justo ahora no me puedo ir". Cuando le pregunté por qué, me respondió: "Pili, hace días que quiero comerme un pescado frito y ahora que tengo la muerte encima, me doy cuenta de que debería habérmelo comido, así es que saliendo de aquí lo haré". No sé por qué esperamos situaciones límite para hacer lo que nos gusta.

Si bien me parece difícil prepararse para algo en la vida —porque ésta siempre nos sorprende—, creo que el manejo del presente y la forma de vivirlo determinarán nuestra forma de enfrentar la vida y también la muerte cuando llegue a buscarnos. Creo que la repercusión en lo educativo es innegable y vale la pena preguntarse qué le responderíamos a nuestros hijos cuando nos pregunten por la muerte. Educarlos para la vida también implica educarlos para morir bien, sin temas pendientes y habiendo disfrutado y agradecido por la vida.

A propósito de esto, no puedo dejar de decir algo sobre la donación de órganos, que es un tema sobre el que deberíamos educar porque, me doy cuenta de que cuando las personas pierden a un ser querido, el dolor les impide donar algunos de los órganos del difunto.

Al profundizar al respecto, descubrí algo que me hizo mucho sentido, pero que a la vez me generó mucho dolor: la razón por la que cuesta tanto que haya donación de órganos es por nuestra pobreza espiritual. En la mayoría de nuestros países tenemos muy pocas certezas espirituales, independientes de las creencias religiosas; hay mucha gente que no tiene claro si hay o no "algo" del otro lado de esta vida.

Esto también se conecta con la civilización judeocristiana, que nos ha dado explicaciones contradictorias respecto a la muerte. Como me decía un hombre en Río Gallegos, Argentina: "Por un lado nos dicen que Jesús resucitó entero y que si nos portamos bien, resucitaremos a imagen y semejanza de Él y, por otro, nos dicen que del polvo venimos y en polvo nos convertiremos"; una contradicción que sin duda afecta la decisión de donar. Todavía hay mucha gente que piensa que cuando llegue al otro lado, el hígado le puede servir y esto determina sus decisiones.

Los que creen en la reencarnación —en la India, por ejemplo— tienen la certeza absoluta de que la pobreza que viven es transitoria y forma parte de una etapa dentro de la historia de su alma, a la que nada le servirán los órganos cuando salga del cuerpo. De lo único que tendrá que preocuparse un indio entonces es de no descender en la escala de la reencarnación, pero si quiere subir tendrá que ser noble de corazón en la historia que está viviendo.

Seguramente se estarán preguntando qué tiene que ver la muerte y la donación de órganos con la educación, y la verdad es que mucho, porque está probado que alguien que se sabe persona finita y tiene conciencia de muerte es quien disfruta más de la vida y quien mejor persona es, porque tiene conciencia emocional y no sólo cognitiva de que va a morir.

Si analizamos el hecho que desde los cuatro años en promedio no nos podemos reír y desde los dos ya no podemos llorar, quizá se pueda entender el gran fondo de nuestra sociedad neurótica donde todo lo que se construye sobre esa represión emocional no puede ser agradable ni sano. Es importante considerar que el hecho de no expresar estas dos emociones repercute notoriamente en el desarrollo individual y social de todos nosotros y, por supuesto, en el desarrollo de nuestras competencias personales, claves en esta historia.

Sigamos con las emociones: nos queda el miedo. Esta emoción es bien especial y contradictoria al mismo tiempo. Cuando yo era pequeña, el miedo muchas veces me protegía, me hacía sentir que no me podía meter en determinado lugar; era como una señal. Otras veces, el miedo era una emoción que no me gustaba sentir y que seguro tenía que ver con las pautas educativas con las que la mayoría de mi generación crecimos y, con el tiempo, fuimos traduciendo en respeto. Hoy el miedo se vive de manera muy distinta. Los niños, en su mayoría, no le tienen miedo a sus padres; muy por el contrario, sienten que los controlan y hoy los asustados son los padres.

Además, hoy el miedo se prueba en la medida en que se vence; por ejemplo: aquel que prueba la droga es valiente, porque el que no lo hace parece ser cobarde por la presión grupal. Así, el miedo perdió ese elemento protector que tenía y hoy es una especie de emoción adrenalínica casi agradable que en muchos momentos se experimenta hasta con placer.

En términos sociales es importante mencionar que todo nuestro sistema económico se fundamenta en el miedo, es como si se educara para tenerlo, porque así consumiremos más para "protegernos". Estar "asegurados" forma parte de la misma lógica; es una locura cómo los que tienen más viven más protegidos para cuidar lo que tienen; porque están aterrados de perderlo. Y los que tienen menos tienen miedo de no poder cubrir sus necesidades.

De las cuatro emociones mencionadas al inicio de este capítulo nos queda la rabia o enojo, emoción que pareciera ser la más fácil de expresar. Somos pueblos mayoritariamente rabiosos, enojados la mayor parte del tiempo. Muchas veces no sabemos por qué, pero estamos enojados. De hecho, como la rabia es una emoción adrenalínica que nos moviliza y nos obliga a actuar, vemos a mucha gente de mal humor que en realidad lo que tiene es mucha tristeza acumulada y que como pensó que la tristeza la inmovilizaba, envolvió la tristeza con la rabia y anda por la vida con esa emoción a flor de piel. De hecho, la rabia hace que nos vean y escuchen, por eso hemos "elegido" esta emoción para hacer ver todas las brutales desigualdades sociales que fraccionan nuestros países. Incluso en los servicios de atención al cliente está casi estipulado que si llama alguien furioso hay que atenderlo primero que a alguien que llama siendo educado o manifestando alguna de las tres emociones recién descritas. Esto también puede explicar por qué somos tan poco conscientes de nuestros deberes sociales y de nuestros derechos, como única forma de expresión social.

La rabia se expresa de manera diferente según los géneros. Cuando lo masculino —que no es lo mismo que "los hombres"— expresa la rabia, socialmente seguimos reforzando eso como un signo de masculinidad y de carácter o personalidad; en cambio, cuando la expresa lo femenino se asume como una especie de alteración neurótica y en el caso concreto de las mujeres, como una crisis hormonal que habría que revisar. Éstos son los resabios de un machismo encubierto del que todavía nos tenemos que preocupar en términos educativos.

En fin, hemos explicado qué pasa con nuestras principales emociones —y algunas que se derivan de ellas, como la desilusión y la impotencia, entre otras—, que tienen las mismas consecuencias sociales que las primarias descritas. Cuando algunas de estas emociones no se expresa en forma sana y oportuna, lo que tiende a expresarse es la angustia como una manifestación de que hay algo trabado que no hemos dejado salir. Está de más decir que la angustia es la reina de nuestros cuerpos y esto podría explicar el aumento en el consumo de benzodiacepinas y otras drogas para calmar ese estado tan desagradable. La angustia, con su consecuente sensación de parálisis, respiración entrecortada, suspiros y dolor en la boca del estómago, se va alternando con la ansiedad, la que es muy inquieta y necesita ser "aliviada" comiéndose las uñas, bebiendo alcohol, jugando, comprando, comiendo compulsivamente, etcétera. Esta oscilación en algunos de nuestros países como Chile, justifica que seamos, junto con Perú, los países con más farmacias por metro cuadrado en los sectores socioeconómicos altos y boticas en los bajos. Drogados todos por diferentes razones y con diferentes medios, lo que estamos haciendo es anestesiar las emociones, a las que parece les tenemos más miedo que a los efectos del alcohol y los medicamentos.

Es difícil pensar que con tantos problemas en la expresión de las emociones, el desarrollo de las habilidades que debemos aprender para activar nuestras competencias personales se produzca de forma fluida y fácil. Parece claro que éste es un camino complejo pero apasionante, que debería comenzar en el seno de la unidad de la pareja y desde ahí transmitirse a los niños y niñas. Aprender a expresar estas emociones comienza en casa y depende de cómo en ella se vivan estas cuatro básicas; a la forma en que los niños las vayan incorporando y trabajando a lo largo de la vida.

En este capítulo es importante rescatar lo siguiente:

- Desde los cuatro años, en promedio, se empieza a internalizar en nuestro mundo emocional que la risa es una falla de control de impulsos, sobre todo cuando es expresada como "ataque de risa".
- Desde el año y medio, que no podemos llorar y se empieza a entender que llorar es un signo de debilidad o de manipulación.
- El miedo dejó de tener un componente protector y también es considerado como un signo de debilidad.
- La rabia es la emoción más visibilizada y reforzada por ser adrenalínica y estar legitimada socialmente.
- Si desde los tres años en promedio las emociones más significativas están prohibidas y sancionadas,

podemos entender más fácilmente todas las conductas neuróticas que tenemos como sociedad.

Los invito ahora a ver qué pasa en la familia con la educación de estas emociones y de las siguientes competencias
personales.

La familia como agente educador de las emociones

Llegamos al punto donde las emociones reseñadas en el capítulo anterior se deberían primeramente educar. Si bien hay otros agentes que también están involucrados, no hay duda de que en el hogar y la familia es donde más fuerza toma el proceso y desde donde debería proyectarse hacia las siguientes instancias educativas.

Lo primero que hay que preguntarse es qué entendemos por familia y en esa definición caben todos los que arman un hogar desde el amor; independientemente de su estructura. Familia son padre, madre e hijos; las mujeres o padres solos con sus hijos; los niños criados por sus abuelos; los niños criados por padres y abuelos al mismo tiempo; hijos e hijas criados desde el amor por parejas homosexuales, y tantas otras formas que de seguro se me escapan en este momento.

Si analizamos el capítulo anterior, no es difícil constatar que los adultos llegan a formar niños con las cuatro emociones básicas no del todo resueltas. Al considerar este factor es importante ser conscientes de que la primer tarea "en el sentir para educar y educar para sentir", comienza en el mundo adulto. Somos nosotros quienes tenemos que reparar todos esos códigos culturales que nos han enseñado para reprimir nuestras emociones y esto se logra cuando se aumenta la conciencia individual y, sobre todo, cuando empezamos a mirarnos hacia dentro y no tanto hacia fuera.

Para hacer este camino es fundamental incorporar algo que me enseñaron unos mayas en México y que tiene que ver con una preocupación que ellos tienen respecto a América del Sur: consideran que nosotros nos dejamos de hacer preguntas, desde la más simple hasta la más compleja. Es como si actuáramos en automático, sin reflexionar ni preguntarnos nada.

No sé a qué hora estás leyendo estas líneas, pero supongamos que es de noche. Si te pregunto si hoy durante todo el día te preguntaste cómo estás o cómo está tu vida, seguramente me vas a decir que no; te ibas a dormir sin haberte preguntado algo tan simple como tu estado base. De ahí en adelante son muchas las preguntas que no nos hacemos y, por lo tanto, la exploración interna es muy poca. Si esta mirada hacia dentro es así de limitada, de mala manera podremos preguntarnos por nuestras emociones para poder reconocerlas y vivirlas cotidianamente.

Ahora, lo más complicado de esto es que lo difícil no son las preguntas, sino las respuestas. Éstas son las que nos llevan a tomar decisiones y ahí entra la primera de las emociones que hoy nos gobierna y que es el miedo. Casi toda nuestra cultura política y económica está orientada a sentir miedo, por eso consumimos, nos apegamos a las cosas y sentimos que la seguridad está afuera y no dentro de nosotros. Hablamos de "mi auto", "mi casa", "mi esposa", "mis hijos" y tantas otras cosas que sentimos nuestras, pese a que al final del día no somos dueños de nada.

El miedo gobierna muchas de las pautas educativas con nuestros hijos y desde allí los complacemos en demasía y, por lo mismo, parece que la educación formal —aquella que se entrega con metodología dentro de las instituciones educativas— es tan gravitante en ellos que nos olvidamos de la informal —la de los recreos y la de la vida y la calle—, que es la que mayormente los forma como seres humanos.

No es difícil encontrar padres y madres que educan "compensando" con bienes materiales sus hijos por el hecho de que se separaron o por la pérdida de alguien en la familia, logrando que a temprana edad nuestros hijos aprendan que las cosas cubren pérdidas y tapan emociones. Es como la función que se le atribuye a la comida, cuando genera compensaciones para los malestares emocionales y para los aciertos. Se come como premio y como castigo. Como síntoma de soledad y de aburrimiento; para tapar una pena o celebrar una alegría. Así vamos cubriendo, envolviendo y distorsionando nuestras emociones desde muy pequeños con familias que nos enseñan que no es necesario decir "te quiero" si puedo demostrártelo con un regalo o una comida; hoy en día, además, te lo puedo decir por WhatsApp sin necesidad de mirarte a la cara.

Todo lo que hacemos tapa o cubre nuestras emociones, nuestra comunicación es cada vez más pobre, con menos vocabulario y menos recursos para poder expresarnos, y la tecnología en todas sus expresiones se ha vuelto una estupenda forma de distorsionar la comunicación directa y franca.

Así, limitados a la hora de reírnos y llorar, llenos de miedos impuestos desde fuera, muy enojados con un sistema injusto y arbitrario, la mayoría de las veces nos enfrentamos a la tarea de educar a nuestros hijos. Como bien diría Serrat, "sin saber el oficio y sin vocación / cargan con nuestros dioses y nuestro idioma", y desde ahí pretendemos desarrollar seres que aporten a la sociedad.

Aquí es importante incluir los desafíos de género que se han transformado en canalizadores de emociones. Lo femenino está diseñado para retener y guardar; las mujeres solemos ser malas para botar cosas y buenas para retener líquido, la celulitis y el estreñimiento; somos buenas también para memorizar, preguntar e insistir, lo que nos debe llevar a entender que la gran tarea de lo femenino es aprender a soltar lo que hace mal y retener lo que hace bien. Esta hermosa tarea descrita en *Viva la diferencia* se logra cuando lo femenino consigue entender que tiene que ser amado por lo que es y no por lo que hace.

Cuando la estructura femenina se centra en tratar de hacer todo perfecto y además hacerlo literalmente todo, se tienen muy pocas posibilidades de soltar y de tomar la decisión de ser feliz. Es por esto que la gran pregunta en la identidad femenina es: ¿por qué me quieren los que me quieren? Si la respuesta es que los que me quieren lo hacen por lo que soy, puedo soltar y expresar mis necesidades y emociones con toda libertad. En cambio, si la respuesta es que me quieren por lo que hago, no tengo posibilidades de soltar, voy a intentar complacer a todo el mundo y siempre mis emociones estarán en segundo plano para poder sentirme necesaria, que es lo que todo ser femenino quiere sentir.

Es por esto que se debe aprender a decir que NO: No quiero, No puedo y, desde lo interno, salir para crecer. En este camino emocional es fundamental aprender a delegar, pedir ayuda y aceptar que las cosas pueden quedar distintas a como me gustan o a como yo las haría, pero hacerlo todo es igual de frustrante y agotador.

En ese camino, la parte femenina aprende a hacerse cargo de sí misma y no espera que venga un otro a cumplir ese deseo. Ya no cree en los príncipes azules y se instruye en la convivencia con hombres y mujeres imperfectos, que pueden acompañarla en su vida, pero no moldearla.

Todos estos desafíos femeninos se consolidan cuando educamos para que las personas se hagan cargo de sus emociones y sean libres para expresarlas. Es fundamental que el lado femenino recupere la capacidad de jugar que perdió muy temprano por tratar de hacer las cosas bien y ser necesitada. Al liberarse de lo anterior, se juega, se expresa y se es más libre para darle al otro lo mismo. Todo este trabajo disminuye la culpa: se está donde se está y se disfruta el presente y desde ese lugar se moviliza lo cotidiano. Aumenta el goce y dejan de existir los mal llamados "placeres culpables", que pasan a ser simplemente placeres que con justo derecho y trabajo nos hemos ganado.

Cuando escribo estas líneas no puedo dejar de agradecer todo lo que he aprendido en este camino al hacerle caso a este estudio.

Vamos ahora por lo masculino; lo masculino está diseñado para soltar, tiene mala memoria emocional, casi carece de culpas y sólo está preocupado por avanzar y de que ojalá este avance sea lo más rápido posible. Eso lo hace buscar objetivos y centrarse en las llegadas, mientras que lo femenino está centrado en los procesos y en los detalles. Entendiendo que esto tiene la mezcla propia de la vida misma, lo masculino tiende a buscar más la admiración y, por lo tanto, lo que tiene que aprender es a retener, que es justo lo que lo femenino hace bien. Tienen que aprender a retener desde lo sexual, para no ser eyaculadores precoces, y desde lo emocional para cuidar sus afectos, porque la facilidad de soltar los hace olvidarse a veces hasta de que tienen hijos. Si no aprenden a retener, corren el riesgo de la soledad, y para lograr este aprendizaje deben esforzarse en hablar con los que aman, porque no hay objetivos cumplidos en los afectos, sino que todos son procesos por conquistar. Lo masculino debe aprender a agradecer a quienes lo ayudan en sus objetivos y a comunicar lo que sienten, lo que nos lleva otra vez a la expresión emocional, clave en el desarrollo humano.

Cuando lo femenino y lo masculino se encuentran desde esta mirada, en la que nos sabemos complementarios, entonces estamos más preparados para educar a niños en lo emocional.

Los niños se quedan con lo que ven y no con lo que uno les dice (si fuera así, mis hijos serían perfectos), porque en los actos y en los silencios están nuestras mayores inconsistencias.

El desafío de la integración, actualmente pasa por un nuevo problema que antes se vivía en lo cotidiano y que hoy, afortunadamente, está presente por lo menos en el discurso social, aunque no sé si tanto en lo privado. Se trata de la distribución del poder en la pareja. Este poder, en vez de repartirse de forma "pareja" y flexible —que sería lo ideal—, se polariza en ciertos ámbitos como el sexual, el económico y, en el peor de los casos, en la violencia.

Para que estos ciclos no se generen, lo femenino debe entender que si bien su gran procesador de información es lo auditivo —por eso ella le cree a su pareja cuando le dice que nunca más la va a golpear—, tiene la obligación de incorporar lo visual para ver el hematoma que le causó el golpe y analizar que en ambos discursos hay una contradicción que ella tiene que romper con la denuncia (su acción). En realidad, ¿para qué va a denunciar al golpeador si le acaba de decir que es la última vez, que ya se acabó? No tiene para qué hacerlo. Cuando ella deja de creer que eso es verdad, se atreve a comunicarlo y a soltar esa verdad que le daña el alma. Es una locura cómo el lado femenino puede hablar o expresar tanto, pero cuando se trata de cosas importantes y dolorosas se calla.

Por otro lado, el masculino, educado mayoritariamente por elementos femeninos, debe aprender a expresar sus necesidades y emociones sin tender al exceso de control y al ejercicio de la violencia cuando no sabe expresar sus emociones desde un lugar más sano y no destructivo.

Los cambios en las reglas de poder desde lo económico, los hijos hasta lo sexual, han llevado a una fuerte sensación de que los hombres no son necesarios para el mundo. Personalmente, no estoy de acuerdo con eso, pero es una tendencia que he encontrado más allá de mi opinión. Las mujeres ya podemos mantenernos solas en lo económico y también en lo emocional; tener hijos sin sexo, y tantas otras cosas. Así, se ha generado esa sensación de estar perdidas en el lado masculino que es una gran oportunidad de crecimiento, como prefiero verlo.

Creo que los hombres han sido invitados —un poco por obligación— a mirarse hacia dentro y tener que empezar a cultivar lo emocional, que es el lugar desde donde pueden conquistar a las mujeres. Este desarrollo los convierte en seres expresivos, contenedores y compañeros más que en sementales o sólo proveedores desde lo económico. Sin duda, un gran aprendizaje para ellos y también para lo femenino, a quien le toca aceptarlos desde estos cambios.

Es un desafío permanente para el mundo adulto estar en contacto con las emociones y ser consecuentes con ellas, sin que todos los condicionamientos aprendidos nos liquiden la vida. Es muy bonito —pero a la vez agotador— pensar que los primeros años de vida nos programan para ser de una manera "adecuada", de acuerdo con lo que el sistema social espera de nosotros y donde toda la educación se orienta hacia fuera; y el resto de la vida la usamos para desprogramar lo aprendido, para establecer códigos propios y volver hacia nuestro mundo interno, lo que nos debería llevar a mayores grados de libertad y responsabilidad.

Entonces, podemos pensar que estos seres humanos —masculinos y femeninos que pudieron aprender de sus propias emociones, maduros, integrados y libres en lo emocional— tienen el privilegio de poder tomar la decisión de ser padres y madres y desde ahí empezar a formar a otros con una educación que sea congruente, inclusiva y conectada con lo emocional. Pero lamentablemente estamos muy lejos de llegar en esas condiciones a ser padres o madres.

Según la investigación de mi libro *No quiero crecer*, para educar bien a un hijo o a una hija se requieren cinco elementos que deben estar diariamente en la comunicación:

ternura, firmeza, fuerza de voluntad, sentido del humor y paciencia. Si uno analiza estos cinco factores, quedan claras las emociones que predominan y sin las cuales sería imposible ponerlos en práctica.

Sin duda, cuando uno mira estos cinco elementos, los más débiles, hoy por hoy, son la firmeza y la fuerza de voluntad. Qué débiles somos en cuanto a fuerza de voluntad... recuerden todo lo que nos prometimos en el Año Nuevo. Al revisar cuántas de esas promesas hemos cumplido, veremos que seguramente no llevamos ni la mitad. Éste es, sin duda, nuestro aspecto más débil; por vivir en una sociedad que nos dice falsamente que todo es fácil, que nada requiere de mucho esfuerzo, que hay que buscar el camino más corto y que la gente que se esfuerza es muy poca y no siempre la que obtiene los mejores resultados. Está de más decir que todo éxito se ve como sospechoso y que cuesta mucho aceptar que a otro le ha ido bien sólo porque se esforzó mucho. Apelamos a la suerte, a los contactos, al amigo y a las probabilidades para poder compensar nuestra débil fuerza de voluntad a fin de lograr nuestros sueños.

Entonces queda en evidencia que tenemos padres y madres que se ven enfrentados a la misión de educar hijos con competencias personales sin tenerlas ellos mismos y sin saber bien cómo hacerlo. Por lo tanto, partimos asumiendo la mayor verdad del ser humano en la educación: somos imperfectos y desde ahí debemos diseñar un proyecto de vida para nuestros hijos o, por lo menos, darles la plataforma para que ellos dibujen el propio.

Me llamaba mucho la atención en mis caminatas por América Latina, escuchar a muchos padres decirme que querían que a sus hijos les fuera bien en la vida. Cuando les preguntaba qué significaba eso, veía con horror que sólo se traducía en cosas materiales como, por ejemplo, llegar a tener una casa, un auto o a vivir experiencias tales como estudios o viajes. Fueron muy pocos a los que escuché decir que querían que sus hijos fueran buenas personas y que aportaran a la sociedad por su participación social, su generosidad y su empatía. Los que así opinaron eran en general personas de Ecuador, Colombia y Guatemala.

Entramos en un tema que traté en mi libro más reciente y que tiene que ver con cómo la bondad se transformó en un antivalor, dejando de ser algo bueno, aunque suene paradójico. Me da rabia que palabras como bondad o respeto se las hayan adjudicado como propias las instituciones religiosas. Es como suponer que el "cielo" sólo recibe a quienes practican una religión determinada.

Apelando entonces a que la bondad es algo a lo que todo ser humano debe aspirar, sobre todo si pudo ser criado en el amor, llama la atención porque ser bueno se ha transformado en ser estúpido, *nerd* o simplemente perezoso. Es muy brutal ver que el valor de hoy es educar en la astucia y que los padres, para evitar que sus hijos sufran, piensan que la bondad no es un buen negocio para sus hijos, porque les producirá dolor ya que la gente abusará de ellos. Pareciera que ser bueno es lo mismo que no poner límites ni saber cuidarse y, por ende, ser vulnerable a que cualquiera abuse de uno. Tal concepción de la bondad está centrada en el sufrimiento y no en el goce de dar a otro.

Para las personas criadas en las enseñanzas de Jesús, saben que su mandato más importante respecto a las personas es "amar a tu prójimo como a ti mismo". Cuando era chica siempre pensé que la parte "del ti mismo" se les olvidó enseñarla. Además, la frase es tan inteligente que condiciona el amor que les tenemos a los demás, con base en el que uno se tenga a sí mismo. Un mensaje tan profundo que creo que ni la mitad de la humanidad entendió su relevancia.

Intentar ser noble de corazón es un trabajo literalmente de mierda, difícil como pocos, y del cual nadie se siente tan orgulloso cuando presenta más complicaciones que un curso de posgrado, de inglés o tantos otros aprendizajes o evaluaciones cognitivas a las que nos enfrentamos en la vida y que parecieran ser el único camino hacia ese supuesto éxito que tanto buscamos. Quizá por eso no se enseñan dichas competencias personales y sólo importan los aprendizajes cognitivos para decir que nuestros niños avanzan. La educación de calidad, que es la que todos queremos, debe incluir nociones de empatía y respeto por la generosidad fuera de un contexto religioso.

Otro punto que es importante en el rol de los padres es que son los únicos que pueden configurar la historia emocional del niño. Son los padres, en cualquiera de sus formas, los llamados a respetar y hacer que se respete la historia de una familia y conocer ellos primero sus vínculos para transmitirlos a sus hijos de forma sana y que permita encauzar la vida de esos niños y niñas incorporando esa información histórica. Reconocer los orígenes es fundamental para una expresión emocional adecuada, y cuando veo la dificultad de los adultos para relacionarse con sus antepasados y con sus pueblos originarios, me da pena cómo se construye el futuro sin haber incluido el pasado en el discurso y en la acción.

Incluyendo todos estos factores, a las cinco características para educar —más las tareas femeninas y masculinas—
se incluye ahora el valor de lo ancestral, por lo que habría
que entrar a mejorar ciertas reglas de comunicación que van
justamente en contra de lo que buscamos. Esto nos permite entrar en el tema de las inconsistencias parentales —que
también podrían ser escolares— y que tienen que ver con
cosas que decimos y que no hacemos o, peor aún, de las que
hacemos todo lo contrario.

Vamos a revisar algunas de esas incongruencias o dobles discursos para que veamos lo difícil del camino a la
hora de intentar ser creíbles, consistentes y buenos referentes para nuestros hijos:

**1. Queremos niños y niñas independientes, autónomos,
con capacidad para resolver conflictos, buena tolerancia
a la frustración y preparados para la vida.**

Éste puede ser un extracto de una declaración de principios
de cualquier misión y visión escolar, sin embargo, en la práctica o en lo cotidiano, no lo vemos ni hacemos. No dejamos
ni siquiera que nuestros hijos se aburran, porque estar aburridos es como si estuvieran deprimidos y como queremos
hijos contentos, nos hemos convertido en sus entretenedo-
res. Se nos olvida que el aburrimiento es la madre de la
creatividad y, bien guiado, potencia aspectos creativos de
los niños que ellos irán descubriendo paso a paso. Al estar
aburridos, nuestros hijos de alguna manera empezarán a
desarrollar habilidades que les permitirán el día de mañana
enfrentar cosas más complicadas, como la enfermedad de

su abuela, la muerte de su perro o tantas otras cosas que les pasarán en la vida. Si un acto tan mínimo de incomodidad no lo saben manejar, ¿cómo podrán hacerlo con las cosas más complejas de la vida?

¿A cuántos padres hemos visto llevándole a sus hijos al colegio la colación o los materiales para hacer un trabajo cuando lo olvidaron, para que no tengan que enfrentar las consecuencias de sus actos y omisiones? Ésta es otra forma de invalidar y entorpecer el desarrollo de sus habilidades, convirtiéndolos en seres con pocos recursos a la hora de solucionar sus conflictos.

Si cada vez que nuestros hijos tienen algún problema aparecemos los adultos con una "bandeja de soluciones", nada indica que ellos podrán manejarse por sí solos en la vida. Tampoco se trata de decirles que no a todo y castrar la posibilidad del riesgo y la innovación, pues para que aprendan deben equivocarse y, para eso, deben hacer cosas por iniciativa propia. Hay que encontrar un equilibrio entre dejarlos caer para que se paren y guiarlos para que puedan evitar dolores que no son necesarios.

2. Queremos niños que respeten a los adultos, obedezcan en lo importante y se manejen con reglas básicas de orden y buen juicio.

Lo primero que me pasa con esta frase —que es parte del discurso de tantas instituciones educativas y padres de familia— es que hay que definir qué se entiende por cada uno de esos conceptos. Los adultos vivimos diciendo que "esta generación es ingobernable", que "no obedece a sus padres", que "nosotros éramos tan distintos", entre muchas otras declaraciones similares, sin apreciar siquiera que las inconsistencias están en nuestro comportamiento y no necesariamente en el de los niños. Somos adultos con miedo a los niños; padres y madres que queremos ser bien evaluados por ellos y que no nos critiquen por nada. Ésta es una de las tantas heridas que dejaron las dictaduras en nuestros países, donde se confundió la palabra autoridad con autoritarismo. Evidentemente que volver a escuchar palabras como "orden", "disciplina" o "reglas", nos evoca un inconsciente muy doloroso y nos lleva a complacer en demasía a los niños siendo poco consistentes con ellos. Los "NO", los niños los transforman en "SÍ" con un poco de manipulación, las promesas no se cumplen casi nunca y damos las instrucciones muchas veces, repitiendo casi a destajo la frase: "Ésta es la última vez".

Los aprendizajes o castigos, como quieran llamarlos, son una verdadera burla, ya que delante del niño se rompen instantáneamente. ¿Cómo pretendemos generar respeto si no somos consistentes?

Además, tenemos una generación casi entera que no tiene educación cívica y a la que nadie le ha enseñado ciertas normas básicas de funcionamiento social, como dar el asiento a una persona vulnerable, por ejemplo, y los responsables de ello somos los adultos.

Los niños de hoy tienen dos características que nosotros no teníamos: son niños sin miedo y son más inteligentes que nosotros a esa edad. Con estas dos características es cada vez más importante que los adultos tomemos conciencia de que nosotros definimos el funcionamiento de la casa, porque si no, a muy poco andar, nos sacarán la radiografía de nuestras angustias y miedos —que históricamente son muchos—, y controlarán ellos todos los parámetros de la conducta familiar.

Es fundamental que los países que transitamos por dictaduras reconozcamos que muchas de las consecuencias educativas que hoy enfrentamos son efectos de ellas. Al aceptar esto, quizá podamos, de cara al futuro, corregir errores que son nuestros y no de nuestros hijos, pero que los perjudican a ellos.

3. Debemos enseñarles a nuestros hijos e hijas que la gente vale por lo que es y no por lo que tiene.

Éste es un principio hermoso que, lamentablemente, en muchos casos no pasa de ser un discurso. Una manera de comprobarlo es que a los cuatro o cinco años, el niño tiene un teléfono celular, el que muchas veces supera en calidad a los celulares de sus profesores y, por lejos, el sueldo mínimo de su país. Evidentemente, el niño no sabe esto y se le pierde el teléfono. Los papás, a la brevedad, van por otro y la frase o explicación que tienen al respecto es que "todos tienen celular". Ese niño no lo necesita, no sabe que no es un juguete y menos sabe que es un aparato caro y, seguramente, difícil de pagar por la mayoría de sus padres.

De verdad yo creo que el problema está en el mundo adulto. Nosotros los adultos tenemos conflictos con el tema y parece que no tenemos claro si la gente vale por lo que tiene o por lo que es. Seguimos pensando —aunque no sea correcto decirlo— que alguien que anda en bicicleta vale menos que alguien que tiene auto —lo que dependerá, por supuesto, también del auto. No estoy diciendo que todos pensemos así, pero es una tendencia en el inconsciente colectivo.

Esta inconsistencia adulta se traspasa a los niños y, finalmente, ellos son los primeros perjudicados. El consumismo está tan dentro de nosotros que muchos papás y mamás compran cosas a sus hijos no por ellos sino por sus propias necesidades de mostrar frente a los otros padres que tienen recursos.

Así, somos los adultos los que introducimos el bullying en las escuelas, instalando la desigualdad a edades en que los niños no tienen habilidades para manejarla. Si no lo podemos hacer los adultos, menos lo podrán hacer los niños que tienen menos manejo de las atroces injusticias sociales que existen en nuestros países.

Los hijos e hijas de padres consistentes, que tienen claro que la gente vale por lo que es y no por lo que tiene y que tratan igual al cuidador de autos que al gerente de la empresa, son niños que nunca piden nada, ni para los cumpleaños ni para Navidad y tampoco para el día del niño. Les molestan las marcas porque les dan pudor y saben que su identidad no está en las cosas, sino en lo que pasa por ellos mismos. Hay que obligarlos a comprarse algo porque generalmente no manifiestan lo que necesitan, ya que están bien con lo que tienen. Saben y conocen la situación económica de sus padres, viven en relación con la verdad y no con ideas falsas, por lo tanto saben qué pueden tener y qué no.

Los inconsistentes a los que me refiero son los padres, generalmente rabiosos frente a los que tienen más y buenos para subvalorar a los que tienen menos. Sus hijos se educan con la misma rabia mirando más hacia fuera que hacia dentro y, por lo tanto, son los que hacen listas para cada fecha y les importa mostrar lo que les han regalado porque su identidad en esos momentos pasa por ahí.

El primer desafío educativo de los padres es resolver este conflicto; esta sociedad de consumo en la que vivimos nos ha generado la sensación de que hay ciertas cosas que democratizan a la sociedad y que, aparentemente, disminuyen las desigualdades. La adquisición de teléfonos, televisores, autos, zapatos y el internet son algunas de las cosas que la gente encuestada asocia con elementos que disminuyen la desigualdad. Este conflicto tiene que ser resuelto desde el centro de la familia y, la verdad, desde el corazón de cada persona, porque al final lo que se siente aparece en la conducta.

Es así que esta contradicción entre lo que aspiramos o deseamos y lo que hacemos nos debe, a mi juicio, hacer reflexionar sobre nuestras necesidades; el deseo de mostrar a otros lo que vamos consiguiendo con nuestro desarrollo interno. Esto nos enfrenta con lo que entendemos por éxito, una palabra que más que con el hacer o llegar a hacer lo que se ama, se relaciona con tener cosas que proyecten una realidad glamorosa que poca profundidad tiene. Esto seguramente está más expresado en las sociedades más consumistas, donde todo se respalda desde el tener y no desde el ser; de manera más dramática, lo importante hoy no es sólo tener, sino mostrar que se tiene, aunque se deba todo aquello a un banco u otra institución.

Es la educación en la imagen donde ninguno de nuestros países sale ileso y donde Panamá, por ejemplo, tiene mucho que contar, fundamentalmente porque es un país donde el crecimiento ha sido muy rápido y la necesidad de mostrarlo es muy fuerte. En síntesis, el *Ser*, el *Tener* y el *Mostrar* parecen estar en profundo conflicto en el mundo educativo de hoy.

4. Necesitamos niños y niñas que se comuniquen de frente y que desarrollen habilidades sociales que les permitan expresarse y manejar sus propias vidas.

Es impresionante la dificultad que tenemos hoy para mirarnos a los ojos y estamos gran parte del tiempo mirando hacia abajo. De hecho, en nuestras calles ya hay muchos semáforos pintados en el suelo para la gente que va mirando el celular y así evitar los tremendos accidentes que han aumentado este último tiempo.

Las personas ya casi no hablan entre ellas y en algunos países como el mío, en que nos cuesta tanto expresarnos, la tecnología nos quedó perfecta. Nadie se saluda para los cumpleaños, nadie habla, todos escriben —y mal— y las emociones fueron reemplazadas por los "emoticones".

Ahora bien, ¿cómo repercute esto en la educación? Lo primero que hay que reconocer es que somos los adultos los que tenemos adicción a estar conectados a dispositivos electrónicos todo el tiempo. Cuando se nos pierde el celular o se nos borra un archivo es la mejor muestra de aquello: tenemos síntomas de abstinencia como taquicardia, rabia, angustia y otros. Al reconocer que el problema viene del mundo adulto y desde ahí pasa a nuestros niños, las repercusiones educativas son obvias y muy importantes. Somos nosotros los que ponemos los celulares en la mesa antes que los platos y cuando nuestros niños nos hablan, generalmente no los miramos a los ojos. Parecemos estar siempre conectados, pero no comunicados.

Para cumplir con la idea de "sentir para educar", lo primero es gobernar desde la voluntad este medio tecnológico que es una maravilla pero que hay que saber administrar. Si quiero que mis hijos aprendan a conversar y resolver y desarrollar sus habilidades sociales, mis dispositivos tecnológicos tienen y deben estar apagados para luego tener la autoridad para pedirles a ellos que también lo hagan con los suyos. Como en todos los temas educacionales, el ejemplo es fundamental para que se cumplan las reglas.

Si bien la tecnología es cómoda y funciona casi como una cuidadora que parece hacerse cargo de los niños, ya que los mantiene entretenidos y sin pelear o discutir con sus hermanos, también es cierto que dificulta que se desarrollen vínculos con los seres queridos, lo que disminuye la posibilidad de educar en familia.

De verdad que mientras más avancé en esta investigación, más conciencia tomé de lo analfabetos que somos emocionalmente. No sabemos comunicarnos; a lo mejor hablamos de ciertas cosas —y que, por lo demás, tampoco lo hacemos muy bien—, pero estamos muy lejos de comunicarnos. No hablamos de nuestras penas y dolores, no somos buenos para explicar lo que nos pasa y estamos tan cansados que queremos conversar poco y sintetizar lo más posible. Queremos y no queremos saber. Todo es tan contradictorio en nuestra forma de comunicar que se nos olvida uno de los axiomas de la comunicación: qué se comunica al no comunicar.

Nuestros niños y niñas observan nuestra conducta y, como sus modelos, van absorbiendo nuestro mal o buen humor, nuestra generosidad o egoísmo, y así tantas otras características que van formando sus personalidades.

Si suponemos que los seres humanos nacemos buenos, algo pasa a temprana edad para que eso vaya cambiando. Si pensamos que simplemente nacemos sin ninguna tendencia, algo pasa en la educación que el péndulo se va mayoritariamente hacia lo negativo. Parece, al leer estas líneas, que mi visión es muy negativa y pesimista. Muy por el contrario, creo que hay una fuerza emergente que cada vez resuena más fuerte y que se refiere a la búsqueda de la inteligencia espiritual, que nada tiene que ver con lo estrictamente religioso, sino con buscar el sentido de trascendencia en todo lo que se hace. Es como encontrar un propósito de vida no sólo en los niños y niñas, sino también en el mundo adulto. Si nuestros niños nos ven esforzarnos por nuestros sueños, luchar por lo imposible, ellos también tenderán a hacerlo.

Para construir sueños, tanto en el mundo adulto como en el infantil, se necesita primero saber buscar esos sueños por medio del silencio y de un viaje más hacia el mundo interior que al exterior. Se trata de entender que se debe trabajar en educar en el esfuerzo, buscar la sintonía con la naturaleza, escuchar su ritmo y explorar los potenciales espirituales de nuestros niños para que encaucen su vida.

Pareciera que esto que acabo de contarles es lo que queremos todos los adultos para nuestros niños y niñas, pero evidentemente no es así. Hay adultos que en muchas ocasiones están muy lejos de hacer lo mejor para sus niños, no por maldad, sino que por falta de esos aprendizajes emocionales en sus propias historias que, ¡ojo!, van más allá de las habilidades parentales que tan de moda se han puesto este último tiempo. Más bien apuntan a las condiciones antes expuestas: ternura, firmeza, fuerza de voluntad, paciencia y sentido del humor.

En estos últimos treinta años todo ha cambiado muchísimo, en lo bueno y en lo malo, entendiendo además que ninguno de estos dos polos existe en realidad. Los matices son los que ganan, aunque muchas veces por miedo los llevamos a los extremos para sentirnos más seguros. Entre estos cambios, quizá los más importantes son los que ha traído consigo la tecnología y que abarcan mucho más que el uso de los aparatos. Como me decía un maravilloso niño boliviano: "El problema de la tecnología es que acerca a los que están lejos y aleja a los que están cerca". Esto altera nuestra expresión emocional: por ejemplo, escribimos "ja, ja, ja, ja, ja" sin habernos reído... Los emoticones dicen por nosotros lo que sentimos y nos dormimos y nos levantamos viendo la tele. Si queremos educar emociones, sin duda tendremos que dosificar el uso de la tecnología y privilegiar el contacto personal frente al virtual, tanto en nosotros como en nuestros niños.

Si los niños nos ven invitar gente a nuestra casa, llamar a nuestros amigos para sus cumpleaños, acompañar a seres queridos en sus dolores y alegrías, es esperable que ellos con el tiempo sigan el ejemplo; sobre todo cuando nosotros no estemos aquí. Éstas pueden ser pautas que ayuden a desarrollar nuestras competencias personales y, en consecuencia, las de nuestros hijos.

Es lo mismo que pasa con el cuidado de los viejos: si nuestros niños nos ven estar con nuestros padres y cuidarlos, lo más probable es que ellos nos cuiden y nos acompañen a nosotros en un futuro cada vez más cercano.

Otro punto dentro de un buen desarrollo emocional —además de explorar en el mundo interior para saber qué sentimos— es tener claro y ser conscientes de que la vida está llena de contrastes y que es necesario verlos cotidianamente. Estos contrastes son lo luminoso y lo oscuro que habita nuestra vida. Lo luminoso tiene que ver con lo que la vida me regala y lo que yo consigo con mi esfuerzo y perseverancia, que me hace sentir orgulloso de lo que soy, de lo que hago y de lo que puedo lograr. Lo oscuro tiene que ver con las limitaciones, problemas sin resolver, tristezas y, en general, emociones no expresadas en la vida.

Para ayudar a crecer a nuestros niños en el mundo emocional es muy importante mostrarles que la vida no es perfecta y que eso también la hace maravillosa, porque es como un desafío permanente por resolver. De las dificultades se aprende, pero también del goce, y ambas perspectivas tienen que ser enseñadas.

Quizás uno de los puntos de quiebre en el desarrollo de las emociones está en la tarea de ayudar a los adolescentes a buscar su vocación. Esa palabra maravillosa que significa "llamado", es un proceso de buscar y encontrar fuegos internos para poder desarrollarlos en la vida. Hoy está casi en extinción y ha sido lamentablemente reemplazada por "empleabilidad". Reitero lo dicho antes: con el fin de evitar que nuestros hijos sufran, los estamos preparando para el fracaso en vez de para grandes éxitos.

Cuando se trabaja en las emociones es fundamental encaminar la educación hacia el desarrollo y la búsqueda de los talentos y habilidades para que, desde ahí, se construyan los grandes sueños que intentaremos lograr y conquistar todos los días. Parece, en este contexto, que es clave la búsqueda de la pasión como energía movilizadora y como la clave de una vida con sentido.

Ayudar a nuestros jóvenes a buscar y desarrollar —desde la voluntad— sus pasiones es la mejor plataforma para crear las competencias personales que tanto buscamos. La orientación vocacional debería darse buscando hacia dentro y lejos de mediciones económicas, para deducir en qué es buena o hábil una persona y en qué no. Se deben buscar sueños y no carreras o disciplinas. Estos sueños involucran varias opciones que, bien trabajadas, pueden llevar a desarrollar personas que sean un aporte a la sociedad desde la plenitud de las acciones y la estimulación de las pasiones como energía movilizadora. No obstante, hay muchas otras fuerzas que mueven a personas que son capaces de darlo todo por hacer lo que aman en la vida, combinando lo que les dicen su corazón y su cabeza al mismo tiempo.

5. Se prohíbe por ley en la mayoría de los países —si no en todos— que los menores de dieciocho años tomen alcohol y fumen cigarros.

En Latinoamérica existe esta ley que "protege" a nuestros hijos de las drogas y el alcohol; sin embargo, es algo que no se respeta ni siquiera en nuestros propios hogares. Sentimos que no podemos controlar el hecho de que nuestros hijos no los consuman antes de los dieciocho y de alguna forma ellos son los que acaban por poner las normas. En ninguna parte de nuestro cerebro pensamos que al permitirles que ellos regulen su relación con las drogas y el alcohol, estamos autorizando algo que es ilegal. Bajo este mismo paradigma, les mostramos un código ético laxo, en el que "todo se puede hacer en la medida en que seamos discretos y no nos descubran". Así, nuestros hijos pueden conducir un vehículo sin licencia y sus padres y madres se mostrarán orgullosos diciendo que les hace bien practicar (por supuesto, indicándoles por qué calles pueden circular donde no hay policías). Y ese mismo joven es el que después conduce a una velocidad mayor a la permitida y que sólo se preocupa de identificar los radares o los policías con alguna aplicación, porque conducir a la velocidad correcta es de estúpidos. Lo que me pregunto es por qué ese mismo individuo, si llega a ser diputado o empresario, va a hacer lo correcto si en su misma casa, en la educación familiar, aprendió que lo importante no era hacer lo correcto, sino cuidarse de no ser sorprendido. Aquí hay otro aprendizaje que se deriva de lo explicado y que tiene que ver con un argumento muy usado por los papás y mamás hoy día: mi hijo quiere o no quiere hacer esto. Querer, como el acto más simple de tener o no tener ganas de hacer algo, parece ser determinante a la hora de definir conductas y, como los padres queremos ser evaluados de forma positiva por los hijos, constantemente cedemos a sus deseos, haciendo lo que ellos quieran. No estoy diciendo con esto que no haya que ser flexible y que los niños tienen que hacer sólo cosas que no les gustan o todo lo que les decimos los adultos sin poder dar su opinión, pero creo que hay algunos puntos en los que no se puede transigir, como en el cumplimiento de la ley y lo que va en su beneficio, como el estudio, la alimentación y el cuidado de los afectos. No siempre se puede hacer lo que se quiere; la gente que alardea de hacerlo, es insoportable, vanidosa y prepotente, y está muy lejos de ese ser humano bondadoso que necesitamos formar en estos tiempos.

Un ejemplo en el que se aprecian de forma terrible las consecuencias de que los niños hagan lo que quieran, es en la alimentación. México y Chile ostentan los primeros niveles de obesidad infantil y muchos otros países americanos no están tan abajo de nosotros. Este tema es muy complejo y multifactorial, por cierto, y se debe, en parte, a padres que preguntan constantemente a los niños qué quieren comer, a lo que ninguno o muy pocos responderán que espinacas o legumbres. Pareciera que da igual tener niños enfermos o con colesterol alto a los catorce años si ellos están contentos. Sin duda, tanto la ética como la salud pasan por estimular una conducta sana regulada más por la fuerza de voluntad que por el placer.

6. Queremos niños y niñas felices todo el tiempo.

Dejé este principio para el final de este capítulo, porque sin duda es el que más tiene que ver con este libro. Dentro de esta frase tenemos que apuntar algo importante: no es lo mismo ser feliz que alegre. A la menor señal de tristeza de los hijos, los padres nos angustiamos, intentando evitarles cualquier dolor y haciendo hasta lo imposible para producir de nuevo la sensación de alegría = felicidad en ellos.

Ya expliqué en la investigación de la felicidad que alegría y felicidad no son sinónimos, porque uno puede ser feliz y estar triste al mismo tiempo. Esta sociedad hedonista que hemos construido nos dice que hoy todo tiene que ser divertido, placentero, fácil y descartable; fenómenos que nos impiden "raspar" el alma y cultivar la voluntad y el esfuerzo, que son las únicas garantías de éxito. Cada día de la semana tenemos una actitud distinta, teniendo una "cara de lunes" y otra "de viernes". Hoy suena mucho la frase de que el "cuerpo sabe que es viernes" y, por lo tanto, estará más feliz = contento que los días lunes.

Las palabras *responsabilidad*, *voluntad* y *esfuerzo* están cada vez más lejanas de las palabras *felicidad* y *alegría*. A muchos se nos hace inconcebible pensar en el trabajo como un espacio de alegría y en el esfuerzo y la voluntad como expresiones de felicidad, en la medida que la vida adquiere sentido a través de ellos. Obviamente que queremos niños felices y que además sonrían mucho, pero eso se produce cuando se vencen los obstáculos y cuando vemos que ellos se superan a sí mismos logrando los sueños que se supone les hemos ayudado a construir desde pequeños. No se puede estar contento todo el tiempo, pero si se decide ser feliz, la alegría llega como consecuencia de la batalla dada en esa decisión y no por la ausencia de problemas, ya que esto es muy difícil, si no imposible, que ocurra.

Nunca se me va a olvidar un pescador en el sur de mi país que, al verse permanentemente molestado y boicoteado en su trabajo por estar contento, vender más, levantarse más temprano que todos y acostarse más tarde, repetía la siguiente frase: "No envidies mis éxitos si no conoces mis sacrificios". Qué hermosa frase para colocar en las salas de clases y en las casas para que se aprenda a valorar el deber cumplido por sobre el facilismo y que nos sintamos contentos de hacer lo que debemos, desde lo más profundo de nuestro ser y no sólo por lo que obtendremos a cambio.

Mientras voy escribiendo este libro y caminando por senderos nuevos, actualizando antiguos textos de otras investigaciones, me asombra cómo nuestra conducta está determinada casi siempre hacia fuera y tan poco por el crecimiento interior. Pero si veo más allá de esta rabia e impotencia, aparece en mí la esperanza de ver espacios de cambio en algunas familias que están estimulando a grandes soñadores a trabajar duro por lo que quieren, que no se lo dan fácil a sus hijos y que aprendieron por su historia que era mejor darles a ellos el "mínimo de la vida y de lo que le pueden dar" para que sientan "hambre" por ella. Que sientan la necesidad de buscar, de intentar, de equivocarse, de hacerse cargo y de tantas otras cosas que necesitamos desarrollar para configurar ese ser humano del presente y del futuro.

Es cierto que no nos enseñan a ser padres, frase que hemos escuchado por años, pero hay formas de aprender a mejorar no sólo en este rol, sino en cualquiera. Las emociones en este camino son clave, y en la medida en que los padres o adultos sanemos nuestra historia siendo conscientes, encontraremos mejores formas de educar a los niños del futuro, logrando formar seres integrados, con grandes capacidades de adaptación a la diversidad y amplias maneras de amar para entregar lo mejor de sí a la sociedad.

Preparar a los hijos para la vida no es fácil. Ésa es nuestra tarea más profunda. Yo no sé si uno elige a los hijos que tiene o ellos nos escogen a nosotros para desarrollarse de la mejor forma posible. Cualquiera que sea, los hijos vienen para ser preparados para vivir, para ser las mejores personas posibles y, para esto, nuestro testimonio o ejemplo de vida es fundamental para desarrollar sus competencias personales.

En este capítulo es importante rescatar lo siguiente:

- Para educar a sentir, los adultos tenemos que hacernos cargo de nuestra historia emocional e incorporar el hecho de que llegamos a educar sin saber el oficio.
- Al sanarnos los adultos, estamos más abiertos para formar niños libres desde el alma con capacidad para preguntarse y para decidir el tipo de vida que quieren construir.
- Los países que han sido gobernados por dictaduras tienen que reconocer abiertamente que confunden el concepto de autoridad con el de autoritarismo y que dentro de la educación formal e informal los límites son necesarios para una expresión de amor social.
- Para educar bien a un niño dentro del contexto familiar —sea cual sea la definición de éste— son conceptos clave: la ternura, la firmeza, la paciencia, la fuerza de voluntad y el sentido del humor.
- Los gobiernos deben dar y respetar las garantías individuales y de los niños para que estas pautas emo-

cionales se puedan vivir en libertad y se le facilite la expresión de preguntas y reflexiones a las personas con el fin de aumentar los espacios de libertad y crecimiento afectivo y espiritual (que nada tiene que ver con lo religioso).

- En fin, si se educa con límites sanos, que son una expresión de amor, y, al mismo tiempo, se incluyen todos los elementos descritos en la formación emocional, superando nuestras contradicciones y dobles mensajes, los niños estarán listos para salir hacia la escuela a seguir desarrollando sus habilidades.

El rol de la escuela

Nos hemos preocupado mucho, demasiado, por la excelencia académica; y nos hemos olvidado de la excelencia del alma.

Al empezar este capítulo no puedo evitar recordar mi primer día de clases, en los años setenta, y me viene la imagen de una niñita muy peinada, sentada en un pupitre con un pizarrón delante, en mi querida ciudad de Temuco, al sur de Chile. Aunque tengo sensaciones vagas de ese momento, sí recuerdo con toda nitidez cuando llevé a mis hijos, Cristián y Nicole, a su primer día de colegio. Íbamos con tanta ilusión y emociones encontradas, tomaditos de la mano, acompañados de fotógrafos que nos esperaban para captar ese momento en nuestras historias. Su ropa nueva, verlos tan grandes y tan pequeños al mismo tiempo, en el comienzo de un camino que les permitiría entrar no sólo al mundo del conocimiento, sino al de las habilidades emocionales y sociales, me emocionaba.

Había tanta ilusión, tanta complicidad, tanta alegría y tristeza al ver lo rápido que crecían mis hijos. Pocos pensamos, seguramente por falta de experiencia, en lo complejo que es este proceso y cuán atentos deberíamos de estar a él. Sin duda, mi tránsito por el colegio o escuela fue muy distinto al de mis hijos, y será muy diferente al que vivirán mis nietos, cuando los tenga.

Cuando uno decide a qué colegio quiere que vayan sus hijos, hay muchas variables que entran en juego, y han ido modificándose con el tiempo. La verdad es que ya al solo escribir esta frase me siento en una contradicción, porque estoy faltando a la verdad y a lo observado en esta caminata que he hecho. Pareciera que ya no elegimos el colegio para nuestros hijos, sino que más bien le pedimos el favor de que nos reciba. Es innumerable la cantidad de historias de papás y mamás haciendo filas, durmiendo en la calle y "rogando" ser aceptados en las instituciones educativas que desean para sus niños, muchas veces sin buenos resultados.

Los padres queremos un colegio o escuela que represente nuestros valores y nuestra forma de mirar el mundo. Para algunos será muy importante la red de contactos que el niño o niña podrá encontrar en el colegio; para otros, en cambio, importarán los valores religiosos o éticos que represente la institución y la formación académica que se les dé; otros escogeremos lugares donde se les eduque en la libertad de acción y pensamiento y en el ejercicio de la responsabilidad como contraparte a ese ser libre.

Cuando se empezó a introducir el factor dinero como un agente de poder educativo, todo se modificó, inaugurándose diferencias feroces que hoy segregan a los colegios, llevando a las más humildes escuelas a querer cambiarse el nombre incluso por uno en inglés, lo que seguramente les dará más estatus. Volcar la educación escolar hacia los nombres y las imágenes fue debilitando lo que pasaba dentro de las instituciones educativas, reduciendo muchas veces la enseñanza a un sinnúmero de evaluaciones y mediciones que le han ido quitando la belleza y el misterio a este proceso.

Llegamos a pedir que acepten a nuestros hijos, muchas veces con un estrés enorme, sintiendo que se nos va la vida en ello y nuestro rol en la decisión. Llegamos a este momento pasando muchas frustraciones y tensiones, pero haciendo una apuesta: que esa educación le va a permitir a nuestros niños tener una mejor vida que la nuestra y entendiendo en muchos casos que es lo único que les podremos dejar como verdadera herencia. Sin duda, esta apuesta no siempre se gana y no pasa mucho tiempo para que nos demos cuenta de que lo que queríamos que pasara con nuestros hijos e hijas no ocurre de la forma en que lo soñamos. El sistema está roto por dentro y aquí quiero reconocer de alguna manera el esfuerzo que hacen millones de maestros —porque el término *profesor* me parece reduccionista— por estar cerca, educar y avanzar en todo lo que pueden para transformar a esos niños que llegan a sus manos en las mejores personas posibles.

Cada vez es más frecuente ver que papás y mamás les piden a los maestros que les digan a sus hijos que se corten el pelo, que se bañen, que estudien o que los reten, porque los padres tienen la sensación de haber perdido el control y suponen que son los maestros los que deben hacerse cargo de los hijos propios y de los ajenos, ya que ése es, de alguna manera, el trabajo para el que se les ha contratado.

He visto a cientos de directores de colegio, docentes y directores desarrollando esfuerzos titánicos para educar a sus alumnos en el más amplio sentido de la palabra y muchas veces se ven amarrados de manos y pies porque sólo se piensa en el reclamo de derechos —que no los desconozco— y poco en los deberes.

Tenemos una generación completa que no tiene educación cívica y a la que nadie le ha enseñado que debemos cuidar el medio ambiente, levantarnos de un asiento para dárselo a alguien más débil o frágil, o no rayar los bienes públicos, entre otros. Afortunadamente, por lo menos en Chile, recientemente se anunció que se volverá a incluir la educación cívica como asignatura en las escuelas públicas. Ojalá el sector privado siga esos pasos a la brevedad.

La escasez de oportunidades es evidente y la falta de guía para encontrarlas es aún más triste. Recuerdo un instituto de secundaria donde los adolescentes me decían desgarrados: "Estamos solos, Pilar, presionados a tener éxito sin saber cómo buscarlo y sin que nadie nos abrace nunca para enseñarnos a mirarnos desde adentro". A esto me refería en la introducción, cuando les decía que este libro me hace transitar por la impotencia y la angustia, con una dosis de rebeldía frente al hecho de cómo estamos fallándoles todos los días a nuestros jóvenes, por estar preocupados por cosas urgentes pero poco importantes.

Los maestros han ido perdiendo paulatinamente la autoridad para trabajar tranquilos, casi amenazados por padres que literalmente depositan a sus hijos en las instituciones educativas y se van a trabajar para generar recursos, esperando que el colegio se haga cargo de todo lo demás. Es cada vez más visto en América Latina que los padres y madres se transforman en una "especie en extinción", que va desapareciendo desde antes de empezar la secundaria y donde aseguran que no saben qué hacer con sus hijos y que el colegio tiene que hacerse cargo. Recuerdo con nostalgia que mis padres participaban en tareas escolares como limpiar las salas de clase y los pupitres, y formaban parte del comité de ornato y aseo, y a nadie se le podía ocurrir, aun pagando el colegio, que eso no había que hacerlo, porque todos, sin excepción, sabían que era en beneficio de nuestra formación.

Era costumbre que si un compañero o compañera faltaba por enfermedad u otra razón, el resto del curso le pasábamos en limpio sus cuadernos para cuando regresara. Las reuniones de tutores, si bien nunca fueron muy entretenidas ni en muchos casos un gran aporte, significaban un compromiso y no había que estar buscando padres casi debajo de la tierra para que fueran. Asistir era parte de la responsabilidad de estar educándonos y sentir que junto con los derechos, para pedir buena educación, también estaban los deberes que tenían que cumplir.

Hoy nos llenamos de metodologías y mediciones que sin duda pueden ser un aporte, pero la falta de tiempo y el exceso de presión privó a los maestros de ese contacto cercano, de pasillo y de sala, que forma parte de la educación integral que los niños y niñas necesitan.

Llegamos a escuelas o colegios con maestros cansados de hacer su trabajo solos, con miedo por la presión de los padres, muchas veces maltratados y con sueldos que en nada reflejan la función trascendental que cumplen en nuestras historias. Muchas veces, incluso, se da que los mismos niños tienen mejores celulares que sus maestros, sacándoselos en la cara y ostentando esa diferencia.

Las superintendencias de educación, muchas veces necesarias para fiscalizar abusos hacia los niños, se han transformado en fuentes de inseguridad y una forma de aprovechamiento por parte de muchos padres que la única forma que tienen para estar presentes en la educación de sus hijos es a través del reclamo y no de la formación.

Los niños sienten a sus padres muchas veces fuera del proceso educativo. Están trabajando mucho para comprar cosas y no los están educando, y en este juego también caen los maestros que tienen los mismos miedos que los tutores con sus propios hijos a quienes están intentando complacer, sin poder poner reglas y límites de amor claros y establecidos.

Todo se enredó y se confundió con mediciones, rangos y números que nos indican que es o no es una buena institución educativa, donde la supremacía de lo cognitivo superó por lejos lo emocional.

A pesar de todo esto, veo con esperanza la creación de una fuerza coordinada por los centros de tutores para generar instancias maravillosas de diálogo y reflexión, que les haga sentir a muchos niños que sus padres los acompañan en ese camino.

Hay también centros de alumnos que día a día se preocupan por mejorar sus caminos en la vida y que, lejos de la violencia, dan a conocer sus opiniones para mejorar su educación más allá de lo formal.

Para que este proceso de mejora dentro de la escuela tenga la fuerza que debe tener se requiere de forma urgente devolverle la autoridad a los maestros y comprometer en forma más activa a los padres y madres en los proyectos educativos que, como veíamos en el capítulo anterior, están llenos de contradicciones.

Es cada vez más frecuente escuchar que padres y madres buscan una determinada institución educativa por su disciplina, por ejemplo, y cuando ésta es aplicada en sus niños, la reclaman como injusta y arbitraria. Lo mismo pasa con criterios de valor y otros tantos que, al ponerse en práctica, son desconocidos por los mismos tutores que llegan a reclamar estúpidamente, en muchos casos ante organismos públicos, por qué los adolescentes tienen que "presentar dos pruebas diarias", aludiendo a estrés juvenil. Parece que no se reconoce el estrés al que se enfrentarán en su vida diaria y lo importante que es prepararlos para ello.

En este camino nos encontramos además con una estructura social poco flexible y que tiene poca o nada de ganas de mezclar realidades sociales distintas, cuando la riqueza está precisamente en ello. La realidad de ahora es muy distinta a la de mi época, cuando yo era compañera de gente tanto de muchos como de pocos recursos, compartíamos de todo y de todos, con mucha alegría y sin desconfianza, aspecto que entró en la educación y se quedó para contaminar todos los espacios. La buena fe, el peso de la palabra y de la experiencia perdieron valor en relación con la red de contactos y otras aristas que han centrado demasiado la atención en la excelencia académica y muy poco en el alma, aspecto que para este libro sobre las emociones es fundamental.

Me ha tocado presenciar escenas donde niños y niñas les dicen prepotentemente a sus maestros: "Recójame el cuaderno, porque mi papá o mi mamá le paga el sueldo". Cuando uno analiza frases así, descubre que esos "angelitos" las aprendieron de la boca de sus padres, quienes muchas veces, al tener sólo dinero y no educación, descargan sus tensiones en el ámbito de la escuela, culpándola de los "no avances" de sus hijos.

A esto hay que añadir, que valores como la bondad se contraponen con lo que muchos padres enseñan a sus hijos, donde lo principal es educar niños "vivos", astutos y que se defiendan en la vida. Ser importa menos que hacer y que, obviamente, tener, que hoy sin duda parece ser clave a la hora de educar en sueños y proyectos.

Un colegio debería ser el lugar en donde canalizar el sueño que los padres tienen para sus hijos, o bien, el medio por el que los mismos niños y niñas construyan o, mejor dicho, descubran sus propios caminos. Esto se contrapone con el hecho de que muchas veces los mismos padres no tienen claro cuál es el proyecto de vida que tienen para sus hijos y, si lo tienen, piensan que no son ellos los responsables de potenciarlo, sino la institución. Lo que pasa es que como al colegio no le corresponde hacer todo ese trabajo, la sensación de fracaso aparece después en la historia de esa familia.

El espacio para desarrollar la voluntad y el entendimiento de que la felicidad no pasa siempre por la alegría y que la tarea hay que hacerla en conjunto, es una pauta de educación rigurosa, la única que puede llevarnos a la consecución de metas en esta educación emocional que queremos conseguir.

Dentro del aula hay poco o nada de tiempo para hablar, para decir lo que se siente, para reír a carcajadas con los mismos maestros y para llorar cuando hay tristeza. No existe espacio para el miedo ni para entender las vulnerabilidades desde la fortaleza de mostrarlas, por lo tanto estamos muy lejos, en la sala de clases, para "educar para sentir y sentir para educar".

Quiero contarles algo que pude aplicar en algunas escuelas en algunos países y, por supuesto, en Chile, y es lo que llamo "la ley de los cinco minutos". Consiste en que cada profesor tiene cinco minutos para contar cómo llega emocionalmente a su clase y hacer un breve resumen de lo que le está pasando en su vida. Por ejemplo, recuerdo a un profesor que llegó a decirles a sus alumnos que estaba muy contento porque le había pedido matrimonio a su novia y se iba a casar. Esto generó toda una conversación con los niños en torno del matrimonio y las relaciones de pareja; espacio en el que ellos también fueron contando sus propias experiencias. Para esto se instala un reloj de arena que mide los cinco minutos y que permite "preparar" el terreno para los contenidos que vendrán.

Recuerdo también a una profesora que les dijo a los niños en esos cinco minutos que no había dormido bien porque su mamá tenía cáncer y la había tenido que cuidar toda la noche. Esto generó una reflexión acerca de esta enfermedad, lo que permitió dar a conocer el caso de muchos niños que vivían esta experiencia con sus familiares, sin que el resto del curso lo supiera.

Este pequeño ejercicio que permite expresar emociones y contar experiencias personales permitió, por ejemplo, mejorar la concentración en los niños, disminuir el bullying y subir las calificaciones, sin considerar lo que mejoró el vínculo maestro-alumno y el compromiso de ambos en el proceso educativo.

Así como esta simple y pequeña acción, hay muchas otras entre las que me gustaría rescatar el trabajo que realiza la Fundación 2020, que debe ser la que mejor entiende y aplica en la educación aspectos emocionales y de liderazgo tanto dentro como fuera del aula. Están aplicando en varios países hispanos una nueva gestión dentro de la sala de clases basada en tutoriales, lo que permite, además de una educación cara a cara, la formación de líderes que, sin duda, tienen más conocimientos y seguridad en sí mismos y frente al grupo.

Todos deberíamos conocer esta fundación, y tendría que contar con mucho mayor apoyo estatal, porque, al parecer, los ministerios, con su alta burocracia y juegos de poder, son los que más entorpecen los cambios que se requieren dentro de las instituciones educativas.

Así como la Fundación 2020, hay muchos intentos por devolverle la afectividad y la humanidad a la educación. Estilos educacionales poco tradicionales, como el Montessori o el de Waldorf, una intervención maravillosa que se está haciendo en Argentina, en la que los abuelos y abuelas les enseñan algunas materias a sus nietos o nietas, son opciones que todos deberíamos conocer y evaluar a la hora de matricular a nuestros hijos en determinado colegio. No obstante, algo nos pasa con el miedo... por un lado queremos una educación diferente, pero por otro nos da miedo esa diferencia. He escuchado tantas veces a papás y mamás decirme con dolor: "Sé que tal o cual escuela o colegio va a matar lo mejor que tiene mi hijo, que es su emocionalidad". Un ser precioso, sensible y maravilloso termina formándose justamente en el lugar donde todo eso se obviará en pro de lo cognitivo y de otras variables que lo llevarán a ser domesticado y no formado para ser libre desde la fuerza de voluntad y el ejercicio de la responsabilidad.

Tengo la triste sensación de que nos vendemos a la ilusión del éxito más que al trabajo de descubrir quiénes son nuestros hijos y cómo nuestro deber es llevarlos a su mejor versión de sí mismos en la vida.

Otro punto a tratar en este capítulo es la jornada escolar. En muchos países, incluido el mío, se diseñó en algún momento la jornada escolar completa con el objetivo de que los niños llegaran a sus casas a jugar y descansar. Finalmente, este sistema al parecer no resultó y lo que vemos hoy son niños que llegan a su casa después de todo el día en el colegio con una interminable fila de tareas que los tienen hasta tarde trabajando. Las escuelas pasaron a ser una especie de "guardería" donde dejar a los niños para que los padres puedan trabajar, que poco tiene que ver con un proyecto educativo. No estoy diciendo con esto que una jornada completa no sea una ayuda para los padres que trabajan todo el día, pero habría que plantearse seriamente el tema de las tareas que se siguen llevando a la casa y hacen muy extenso el tiempo que el niño pasa en función de sus labores académicas. Muy pocos niños y niñas saben qué hacen sus padres y madres durante el día y nosotros con suerte sabemos lo básico del funcionamiento de nuestros hijos, por lo que claramente el factor tiempo —y, más aún, tiempo de calidad— es fundamental.

Un concepto que quiero desarrollar antes de terminar este capítulo es el de vulnerabilidad. Permanentemente estoy escuchando: "Esta escuela tiene un porcentaje determinado de vulnerabilidad o de riesgo social", lo que se asocia con índices de pobreza, riesgo social, disfunción familiar, delincuencia, droga, etcétera. Lo triste es que sólo escucho estos comentarios en los sectores de bajos recursos o rurales y nunca en los sectores más acomodados, y la verdad es que no entiendo por qué.

Para mí, los sectores económica y socialmente acomodados, muchas veces son más vulnerables que los otros, porque gracias a su "abundancia económica" son víctimas, en muchos casos, de una "pobreza emocional y social" que da susto. Es por esto que creo que el concepto de vulnerabilidad debería aplicarse en todas partes, ya que en estos momentos no hay sectores protegidos de los riesgos de los que se habla cuando se explica la vulnerabilidad escolar en nuestros países.

De hecho, los sectores con mayor poder económico —que son los que toman las decisiones empresariales de un país— deberían estar más protegidos frente a esos factores de riesgo. No puedo evitar pensar y sentir —a título personal y no como parte de este estudio— que son más vulnerables los más acomodados que los que viven, por ejemplo, en el mundo rural, ya que la sabiduría de esos lugares, dada por la vida misma, los protege de una manera especial.

De cualquier manera, el índice de vulnerabilidad de una institución sólo debería ser conocido por sus autoridades y no por los padres y tutores y, por supuesto, nunca por los niños. El que ellos tengan esa información no sólo influirá en su autoestima, sino que les permitirá justificar cada tropiezo en la vida con el argumento de que ellos estudiaron en una escuela o colegio "vulnerable", lo que hace más propicios esos "fracasos".

Para finalizar, vamos a revisar este paso por la escuela: tanto niños como apoderados llegan ahí con muchos sueños, pero se encuentran con un entorno en el que las personas no expresan ni privada ni públicamente casi ninguna emoción durante el día. Personas que no se preguntan nada y que, por ende, en su mayoría, no enseñan al resto a preguntarse. Personas con miedo, poco valoradas en su trabajo y muy exigidas por un sistema injusto y poco cálido que hace bien difícil la formación de personas que contribuyan a la sociedad desde la alegría, la pasión, el amor y el trabajo por los sueños.

Es de esperar que la inclusión y la no discriminación en muchos de nuestros países dejen de ser sólo palabras lindas y se transformen en metodologías humanas que lleven a nuestros niños a su mejor potencial.

Infraestructura adecuada, salas cálidas, limpias y luminosas son importantes tanto como la calidad de los docentes y directores dentro de una escuela; pero se transforman en elefantes blancos si es que la estructura relacional, normativa y afectiva no se desarrolla correctamente. Si los adultos no se dan el tiempo para construir vínculos afectivos y educativos con los niños y con todo el personal del colegio, los contenidos cognitivos caen en tierra poco fértil para ser fecundados.

Se requieren adultos que enseñen lo que saben a sus alumnos desde el alma, y que las metodologías estén al servicio de ello y no al revés, como me toca verlo frecuentemente. En algún momento nos tenemos que hacer cargo de lo que es realmente importante y dejar de encontrar excusas como el factor tiempo, cuando lo que de verdad pasa es que tenemos otras prioridades y debemos reconocer que, si bien en el discurso las emociones y vida afectiva de nuestros niños y niñas nos importan, en la práctica estamos muy lejos de considerarlo realmente.

Cuando dediqué este libro a los niños y niñas del continente con quienes estamos en deuda, no sólo me refería al paso por la escuela, sino también a nuestro rol de padres, porque los hemos dejado solos en una institución a la que culpamos de nuestros errores y ausencias.

Estamos en deuda en infraestructura, recursos, sueldos, capacitación emocional y técnica, emociones, juegos y creatividad. En esta investigación me faltó mucho —y lo digo con dolor— ver a niños cantar más fuerte, a profesores haciendo bromas que hicieran reír a sus alumnos y, en general, espacios de disfrute en el aprendizaje.

La escuela debe ser compañía, educación y goce social y emocional para que se desarrollen las habilidades que después serán las competencias personales que se necesitan para la vida y para el mundo productivo y laboral.

Siempre he pensado que los maestros necesitan profundamente reconectarse con el sueño que los llevó a estar donde están, porque cayeron en la misma apatía que hoy viven las familias. Para vivir ese sueño de nuevo se deben sentir reconocidos y valorados y así poder desarrollar las dos "patologías" o "defectos" que todo educador debe tener: algo de soberbia y otro poco de omnipotencia. Cuando un maestro le entrega su curso a otro maestro, muchas veces es para llorar... es algo así como: "Mira, en este curso hay diez niños que valen la pena y que obviamente tienen papás y mamás comprometidos, pero el resto es un desastre y no vas a poder hacer mucho con ellos". Cuando un profesor escucha esto tiene dos opciones: o se conecta con su soberbia y su omnipotencia y se propone que al final de su periodo esos diez que valen la pena se dupliquen, o se deja ganar por la resignación y entonces es mejor que se dedique a otra cosa.

Al educador tiene que "correrle por las venas" su poder para el cambio. Esa maravillosa sensación interna de poder cambiarle la vida a alguien en la medida que pasa por sus manos. Resucitar esa emoción, esa pasión, es lo que genera el testimonio frente a los niños para que ellos movilicen los fuegos propios y estén preparados para la vida.

Quiero rendir un homenaje a muchos maestros, directores de colegio, personal administrativo y docente, que todos los días llegan apasionados a cumplir sus labores con este propósito de cambiar vidas por sobre todas las dificultades y miedos con los que se encuentran. A los que en medio de tantos papeles y gestión cotidiana que les impide, muy a su pesar, mirar a sus niños a los ojos, les abren esa ventana por la cual mirarán la vida el día de mañana.

En síntesis, para "sentir para educar y educar para sentir" en la escuela, este duro capítulo nos enseña lo siguiente:

- Cambiémosle el nombre al profesor y llamémosle maestro, devolviéndole la autoridad que nosotros mismos le quitamos.
- Capacitar al personal de todas las instituciones educativas para desarrollar habilidades emocionales.

- Aumentar los espacios de diálogo y reflexión, debate y tertulias entre el alumno y el maestro.
- Volver a formas de aprendizaje que lleven a experimentar la realidad desde lo concreto y que la tecnología nunca la reemplace. Recuerdo con nostalgia cuando en el colegio me mandaban a buscar hojas en los bosques, maderas en los aserraderos, insectos, etcétera.
- Recuperar la escritura a mano y no sólo usar la tecnología como forma de comunicación.
- Utilizar todas las metodologías creativas que enseñan formas de educación alternativas, como las planteadas por la Fundación 2020.
- Trabajar en cada escuela la expresión de la rabia o enojo, la alegría, el miedo y la tristeza sin sanción, primero como modelo y testimonio y después analizando cada uno de estos aprendizajes dentro del proceso educativo cotidiano.
- Inducir a los padres y tutores a participar de todos y cada uno de los procesos educativos de sus hijos, porque todos formamos parte del mismo equipo.
- Ampliar el concepto de vulnerabilidad o alto riesgo social para que sea también revisado en los sectores más acomodados de la sociedad y no sólo en los más pobres o rurales.

Es divertido escuchar a tanto directivo de colegio y personal de todo tipo decirme, a lo largo de toda esta investigación, que el problema en las instituciones educativas no lo tienen con los niños y niñas, sino que con los tutores. Ésa parece ser la piedra con la que se tropiezan, que impide la participación real y colaboración de todos los estamentos en el desarrollo de los niños.

Hasta aquí podríamos concluir lo siguiente: para educar a nuestros niños, padres, tutores y maestros debemos revisar nuestros mandatos y creencias culturales para desarrollar el mundo emocional que éstos necesitarán para enfrentar la vida que les tocará. Porque tenemos programas educativos del siglo XIX, maestros del siglo XX y niños del siglo XXI coexistiendo en la misma institución. Sin duda hay algo aquí que no cuadra.

Educación superior

Nuestros hijos acaban de salir del colegio y seguramente con muchas ilusiones llegan —los que pueden— a formarse en lo que llamamos educación superior. Probablemente han sido guiados más por toda esa información externa con la que bombardean a los jóvenes en la etapa escolar final que por procesos internos; no sé cuánto tiempo han dedicado a hacerse las preguntas clave de su vida en la maravillosa adolescencia que debería permitir una exploración al mundo interior.

De este modo nos encontramos con una generación que le tiene terror al silencio, que tiene pocas habilidades comunicacionales, adicta a la tecnología y que siente que sin la electricidad no sobrevive. Con esto no quiero decir que la tecnología sea negativa; de hecho, hoy tiene un papel democratizador que me parece que hay que estimular en todos los niveles, pero saber también controlar. Desde lo cognitivo salen del colegio con grandes desigualdades, dependiendo de dónde hayan estudiado. En este sentido, lo primero que deben hacer las instituciones es nivelar dentro de lo posible todas las desarmonías producidas por el sistema en las etapas previas. Los que no han terminado sus estudios secundarios —porque la deuda académica en

América Latina es gigante en cuanto a la cantidad de jóvenes que no terminan sus estudios— entran directamente al mundo laboral informal sin mayores habilidades intelectuales y mucho menos emocionales.

Sin embargo, esta disonancia sólo se intenta compensar en lo informativo y en lo intelectual, pero nada o poco pasa con lo emocional, que es justo lo que se les va a pedir en el mundo laboral y, por qué no decirlo, en lo social y afectivo también. Parece no importar qué les pasa a esos jóvenes que ingresan en esta educación superior. Toda la información que estos chicos y chicas reciben apunta al desarrollo cognitivo y los padres y madres dejamos de tener los reportes que nos informaban cómo estaban evolucionando nuestros niños. Estos reportes se daban en las escuelas con los informes semestrales, los que no sólo incluían las calificaciones, sino que también unos escuetos pero claros informes de personalidad. Y entonces sólo nos quedamos con los comprobantes de pagos o de deudas y con la confianza de que estas instituciones les permitirán a nuestros queridos hijos e hijas desarrollarse en la verdad y en la honestidad.

Son demasiadas las historias de padres y madres que se dan cuenta de que sus hijos no están yendo a clases, que han reprobado por la escasez de habilidades emocionales que deberían haber sido aprendidas en las etapas previas del desarrollo.

Me resulta muy impresionante cómo prima la desconfianza tanto en las instituciones como en la sociedad misma. Hay historias de muchas personas que piden facturas falsas o certificados médicos por ausencias no justificadas y que paralelamente tienen el discurso de la honestidad y de un criterio autónomo de responsabilidad. Pretendemos pedirle a esos jóvenes que el día de mañana, como profesionales, tengan habilidades de confianza, preocupación por su familia y su trabajo, al mismo tiempo que se les educa en lo contrario.

Ya en la universidad o algún instituto técnico profesional, seguimos con evaluaciones externas, mediciones que dejan de lado el autoanálisis, haciéndoles sentir a esos jóvenes que el sistema escolar no es muy distinto del que acaban de entrar y, lo que es peor, que las habilidades que tienen para enfrentarlo dejan mucho que desear.

Hay dos historias que me paralizaron en algún momento. La primera es la de un joven al que se le murió su abuela y no pudo asistir a su funeral porque a la misma hora tenía un examen de una materia que le exigía cien por ciento de asistencia. Era un joven que estaba haciendo muchos esfuerzos para pagar sus estudios y no podía permitirse perder una materia, por lo tanto, tuvo que elegir entre ir a despedir a su abuela o hacer el examen. Su decisión fue hacerlo con todo el dolor que esto puede dejarle a quien en la vida no comparte esos duelos con los suyos. La otra historia es un poco menos triste, ya que era una alumna que quería asistir al segundo matrimonio de su madre, y que tampoco pudo porque estaba en una asignatura que requería una total asistencia.

En ninguna de ambas situaciones hubo espacio para conversar con los profesores o autoridades, para mirarse a los ojos y compartir emociones y que las autoridades fueran empáticas con los alumnos. Este tipo de situaciones me llevó a estudiar el tema, porque no puedo dejar de preguntarme qué tipo de profesionales estamos formando si no les permitimos sentir, ser solidarios y darse espacios para los flujos naturales de la vida. Es a estos mismos ejecutivos o profesionales a quienes se les va a exigir desde los mal llamados departamentos de "recursos humanos" que equilibren trabajo y familia, y que sean solidarios y empáticos con la gente que tendrán a su cargo.

La desconfianza, tratarlos como niños con morales heterónomas basadas sólo en las consecuencias de premios y castigos y no como seres autónomos con procesos más complejos de intencionalidad de las conductas, fundan una generación que en su mayoría llega a este nivel con un conocimiento muy precario de sí misma, de lo que quiere para su vida y donde los motores de la búsqueda de placer son superiores a los de los deberes.

Creo, de igual forma, que esta generación dio un paso adelante en la búsqueda del placer por sobre la nuestra que sólo funcionó por el rigor, el miedo al castigo y la culpa frente al placer bien vivido. Pero como todos los cambios sociales son pendulares, se han ido al otro extremo y la disciplina y la voluntad, por mucho que hayan sido educadas en casa, desaparecen en el vocabulario de una generación a la que le falta compromiso con lo externo y sólo se compromete con lo suyo. Excluyo, por supuesto, aquí a una enorme y cada vez mayor masa de jóvenes que, producto de esta sensación, están movilizándose en pro de causas sociales que me hacen, sin duda, pensar en un cambio social importante justo frente a las emociones, motor y causa de este libro.

Si bien pueden buscar el placer, los jóvenes de hoy tienen una sensación de no necesitar trabajar mucho consigo mismos y aquí aparece algo que es tema del capítulo de las familias: a nuestros hijos hay que darles lo mínimo y no lo máximo que podemos. Con esto me refiero a que si los padres les entregamos lo mínimo para que ellos desarrollen sus sueños, les damos una plataforma de "hambre" para que busquen por sí solos. Si, en cambio, les damos todo lo que podemos de acuerdo con nuestras posibilidades, ellos no tienen que hacer esfuerzos para conseguir nada y, por ende, quedan atrapados en el tedio y el aburrimiento, en el facilismo, sin suficiente capacidad de gestión y con las consecuentes dificultades de tolerar frustraciones y aprender de lo vivido.

Este tipo de decisiones familiares se toman desde que los niños son pequeños, con el primer celular, los primeros zapatos deportivos y tantas otras cosas que no sabemos evaluar como importantes y que seguramente marcarán las decisiones que ellos tomarán durante el resto de su vida.

Sé que suena antipopular y políticamente incorrecto decir justamente lo contrario, sobre todo en una cultura económica que nos está diciendo todo el tiempo que seremos buenos padres y madres en la medida en que les damos todo a nuestros hijos, pero les quiero pedir a los adultos que están leyendo que piensen cuánto valoran las dificultades que les tocó pasar cuando eran niños y cómo esa falta y ese rigor, no siendo agradable, fue lo que formó el temple o carácter que tienen hoy.

Aquí también aparece algo que venía fraguándose desde los primeros años escolares y es que no vemos el deber cumplido como algo satisfactorio. El deber, la responsabilidad y hacer lo que es correcto tienen tan mala prensa, que se educa con mayor énfasis en cómo escabullirlos que en enfrentarlos.

Queda como una frase de novela que el placer del deber cumplido hace bien al alma, cuando todas las pautas nos llevan a cómo zafarnos de la responsabilidad y cómo esto da cuenta de alguien muy inteligente y propio de los tiempos modernos.

Se llega entonces a la educación superior habiendo hecho muy poca exploración interior, con muy poco autoconocimiento y habiendo elegido muchas veces destinos vocacionales marcados por lo externo y no por la búsqueda de sueños.

A estas alturas ya muchos jóvenes han escuchado más las palabras *empleabilidad* y *trabajo* que la palabra *vocación*; y ni hablar de las emociones, las que muchos sólo conocen desde los emoticones y no desde la expresión real.

El tema es cómo reparamos lo que ya no se hizo, donde además la posibilidad de intervenir en ellos es mínima por la obvia autonomía que van adquiriendo.

Aquí vuelven a aparecer los límites como un aspecto fundamental. Además del valor que en la familia se le da al mundo emocional y cómo se van dando premios, en la medida en que vayan siendo ganados y conseguidos con lo que cada familia determine como óptimo.

Es importante considerar la enorme diferencia de oportunidades que tienen nuestros jóvenes y que van a determinar cómo construyen sus vidas. Aquí no sólo importa la pobreza sino también la desigualdad, ambas realidades que entorpecen un proceso social para ser inclusivo y más justo para todos.

Estas desigualdades comienzan en la primera infancia, cuando la desnutrición física y emocional es todavía una realidad brutal en América Latina. Difícilmente se podrá ayudar a los niños a cumplir sus sueños si no están ni las conexiones neuronales para que esto se produzca. Es así como el doctor Abel Albino, eminencia argentina en pediatría, dice que la base de todo es preservar el cerebro dentro de los primeros mil días. Alude a la importancia de la alimentación, el acceso a agua potable fría y caliente, la luz eléctrica y las condiciones sanitarias mínimas para educar a ese cerebro. Si esto lo aplicamos durante veinte años tendríamos una población que estaría preparada para aprender todo lo que quisiera.

Se entra en un sistema —el universitario— que prepara a los jóvenes para la vida profesional, sin formar en habilidades personales y, lo que es peor, sin que a nadie le importe mucho aquello, a no ser que eso afecte la productividad de los futuros lugares de trabajo. Conozco muchas empresas que se dan cuenta de lo emocionalmente analfabeta que es su gente y que para formar equipos tienen que invertir en algo que debería haber sido trabajado desde la familia y la escuela, y no cuando muchas veces se hace más difícil porque están lidiando con estructuras mentales más rígidas.

En este marco, los jóvenes se enfrentan a la necesidad de elegir una opción vocacional que resulte ser la más exitosa por ser la más rentable. De este modo, nos encontramos con una sobrepoblación de profesionales con pocas posibilidades de inserción laboral. Vivimos llenos de definiciones de éxito, logros y tantas otras cosas que terminan determinando nuestras elecciones, sin que hayamos desarrollado una verdadera búsqueda. Jóvenes que quieren agradar a sus padres, quieren cumplir sus expectativas y no saben cómo generar las propias. Jóvenes que viven agobiados por miedos e inseguridades y que, como decíamos en el capítulo de las emociones y la familia, se preparan para el fracaso y no para los grandes éxitos. El temor al dolor es tan grande que ya a estas alturas, muchos jóvenes dejan de soñar, y a los que no abandonan sus sueños, muchas veces les faltan las verdaderas oportunidades para alcanzarlos.

Además, está el tema económico, es decir, lo costoso que es para muchos llegar a la educación superior. Hay países en los cuales la familia se endeuda para llegar a cumplir el sueño de que los hijos lleguen a ser "más de lo que fueron" los padres. Afortunadamente, esto está cambiando en algunos y la educación se está convirtiendo en un derecho incluyente y de altos estándares de calidad.

Aquí entramos en uno de los temas más emocionantes de este estudio que es intentar aclarar qué se entiende por "educación de calidad". La verdad es que cuando uno intenta entender qué significa y lo pregunta, nadie tiene respuestas claras. Unos hablan de que sea competitiva frente a otros países; otros, que incluya el aprendizaje del inglés y hasta del chino, pero son pocos los frentes que trascienden lo intelectual y se ubican en la postura de explicar la educación como un proceso complejo que tiene más que ver con "lo que se sabe y cómo se expresa", que con la cantidad de información acumulada.

En un mundo donde la información está al alcance de muchos, parece más importante ver qué se hace con ella y no tanto cuánto se sabe. Aquí quiero dar una opinión como mamá y es que, la verdad, me siento como un pilar fundamental en la formación de mis hijos, más allá de los conocimientos que han logrado acumular a lo largo de estos años. Me voy a morir tranquila cuando los vea nobles, soñadores, trabajadores, honestos y responsables. Si no saben inglés, lo podrán aprender en la vida; en lo otro, me parece que no tengo rivalidad educativa.

La opción de llegar a la educación superior con jóvenes que hayan sido educados para sentir y canalizar lo que sienten, es la mejor prevención a casi todos los problemas sociales, educacionales y políticos que tenemos. Lamentablemente, esto no ocurre en ninguno de nuestros países, por lo que es a la institución de educación superior, independiente de cuál sea, a la que le tocará asumir ese costo, intentando nivelar —como se hace hoy en muchos cursos de bachillerato— las deficiencias y desigualdades emocionales e intelectuales que se generaron en las etapas anteriores.

En esta instancia formativa se requiere la reestructuración de planes y programas de todas las carreras y que éstas incluyan de forma obligatoria asignaturas "humanas", como desarrollo personal, talleres de autoconocimiento, la expresión emocional y tantas otras formas de conocimiento que vayan más allá del método científico. Me resulta increíble que médicos, abogados, policías, maestros, asistentes sociales y tantos otros no tengan ninguna preparación en liderazgo y desarrollo emocional. Aquí tampoco quedamos fuera los psicólogos y psiquiatras, que hablamos muy bien entre nosotros, pero que muchas veces no nos entiende nadie, dejando mucho que desear en la cercanía con el otro. Muchos dirán que esos cursos existen, y probablemente existan, pero yo me refiero a asignaturas obligatorias y no electivas, como sucede la mayoría de las veces, y que además el tipo de aprendizaje sea experiencial y no sólo informativo y cognitivo. Esto que hoy se llama educación superior y que muchas veces falta a la verdad en su nombre, ha ido revelando que incluso en lo cognitivo tampoco están preparando a los jóvenes para el mundo de hoy y que falta mucha dedicación en la elaboración de los planes y programas para que vayan de acuerdo con los tiempos.

Dentro de la educación en este nivel existe la universitaria y la técnica, en las que está la mayoría de los adolescentes que puede ingresar a esta etapa educativa. Aún hay discriminación en muchos países y se sigue prefiriendo entrar en una mala universidad que a un buen instituto profesional o técnico sólo por el estatus social que da la primera. De hecho, está comprobado que la necesidad de tener buenos técnicos en nuestros países es más alta que de profesionales universitarios. Y, mucho más importante que lo anterior, tiene que ver con cómo educamos a nuestros hijos a perseguir sueños y no carreras; es decir, cómo les enseñamos a buscar desde su interior, sus vocaciones y que su decisión no se reduzca a elegir una carrera por el estatus y la empleabilidad que dan.

En síntesis, para poder "educar para sentir y sentir para educar" en la educación superior se requiere lo siguiente:

- Es fundamental hacer un trabajo de estudio vocacional en nuestros jóvenes que apunte a la búsqueda de sueños y no de carreras. La empleabilidad no sirve de nada con gente frustrada.

- Se requiere la revisión de planes y programas que permitan incluir cursos de desarrollo humano dentro de todos los planes de formación.
- Se necesita revisar la tremenda contradicción que surge al decir que queremos educar seres pensantes, responsables y libres y terminar tratándolos como niños, con un nivel de desconfianza e infantilismo que da vergüenza.
- Hay que ayudar a crear, dentro de las instituciones, redes de confianza, diálogo y conversación que de verdad —y no sólo a nivel de discurso— apunten a desarrollar las competencias personales.
- Se debe educar, tanto dentro del ámbito académico como del administrativo, la aceptación, el respeto y la más profunda confianza en el ejercicio de la responsabilidad, con todas las consecuencias que esto conlleva.

Al final de este proceso nos encontramos con jóvenes que, en teoría, están capacitados para darle lo mejor de sí mismos a la sociedad que los formó —ya sea dentro del mundo profesional o técnico— y para "devolverle" al país que los acoge lo mejor de ellos tanto en lo personal como en lo familiar. Se supone que a estas alturas ya tenemos o tendríamos que tener jóvenes que se sientan amados, con límites claros, responsables y capaces de trabajar por lo que sienten, sabiendo qué es eso y cómo manejarlo. Evidentemente, esto está muy lejos de ser una realidad en la mayoría de los casos; sin embargo, en cualquiera de estas etapas siempre está presente la enorme posibilidad de enmendar el camino para llegar al ser humano que necesitamos formar y que el mundo requiere.

Facundo Cabral decía: "Cosa extraña el hombre; nacer no pide, vivir no sabe y morir no quiere".

Sigamos pensando que podemos aprender a vivir, creo que es la mejor opción.

Mundo laboral

Cuando los jóvenes llegan a los dieciocho años, con educación formal o no a cuestas, empiezan a moverse en el mundo de los adultos, que es muy distinto al de los mayores de edad. Los mayores de edad llegan ahí por un "regalo" social que les permite acceder a ciertos derechos y obligaciones cívicos de los que pocos parecen tener conciencia de su significado.

Ser adulto es otra cosa; es una conquista, algo que se gana todos los días y que en el caso de los adultos jóvenes pasa por hacerse cargo de sus vidas en todo sentido. En la adultez nos encontramos con uno de los cambios más trascendentales que ha sufrido nuestra sociedad en un lapso no superior a treinta años. Antes de eso se perseguía estar en un trabajo durante toda la vida y esto era un signo de estabilidad y compromiso emocional, donde incluso jubilarse en donde se empezó a trabajar era un mérito premiado por la organización y por la sociedad. En ese contexto era muy importante adaptarse a los nuevos tiempos y cumplir años de servicio siendo reconocido por la trayectoria. Importaban también los vínculos generados, el dinero ahorrado y la experiencia que se adquiría desde el hacer más que desde el saber o del estudiar.

Mis padres y tantos otros de su generación no tuvieron una educación superior completa porque había que trabajar, ya sea dentro de una organización o haciendo lo imposible por ser independiente, para así no depender oficialmente de nadie. Se comenzaba siendo adulto temprano en la vida y drásticamente los pantalones cortos daban paso a los largos que llevaban a que muy rápido se terminara la adolescencia para comenzar una nueva etapa para la que poca preparación había. El oficio se aprendía día a día y eran el camino y los errores los únicos posgrados que esas personas tenían para desarrollarse. El respeto a la autoridad y la disciplina se ganaban con la palabra y no con contratos, aunque es cierto que había poca conciencia de los derechos y mucha de los deberes que ni siquiera eran cuestionados.

Hoy es todo tan distinto... creo que nadie o muy pocos pensarán en terminar su vida laboral donde la empezaron y el cambio actualmente es visto como creatividad, gestión y liderazgo; moverse laboralmente por distintos escenarios es, hoy en día, sin duda un valor.

La adultez comienza más tarde y nos encontramos cada vez con más padres "rezando" para que sus hijos e hijas se vayan de sus casas, pero contradictoriamente haciendo todo para facilitarles que se queden y no los dejen solos.

Cuesta que esta generación "canguro" o "búmeran" se haga adulta, ya que, como vimos anteriormente, esperan tener en su búsqueda de placer el mayor número de beneficios pero los más bajos costos.

Se hiperespecializan, manejan toneladas de información y sienten que merecen grandes beneficios por unas habilidades que han aprendido teóricamente pero que no han llevado a la práctica. Muy rápidamente y sin oficio se sienten superiores a sus padres, abuelos y maestros porque han llegado a tener cosas que ellos nunca consiguieron o llegaron a tener muy tarde en la vida, como bienes, viajes y tiempo libre, entre otros. Se alejan rápidamente del camino de los progenitores, muchas veces renegando de sus historias y empiezan a sentir el trabajo como un instrumento transitorio e instrumental y no como un espacio para desarrollar habilidades permanentes ni mucho menos vínculos afectivos. A esto perfectamente se le podría llamar "uberización del trabajo", concepto de Roberto Méndez, gerente de Consultora Adimark, una de las empresas más importantes en estudios de mercado de Chile y a quien le agradezco tan valiosa conversación. Esta nueva forma de trabajar lleva a producir sólo lo que se necesita y estimula vínculos transitorios; todo se traduce a una aplicación o programa que me entrega la sensación de formar parte de algo pero que, en el fondo, no genera vínculos. Es un modelo de gestión que apela a que las emociones sólo se restrinjan a vínculos privados. Habría que ver cuánto satisface este modelo sin muchas posibilidades de desarrollo y aprendizaje emocional a lo largo de la vida.

Pero, por sobre este tipo de trabajo a modo de aplicación, está surgiendo con fuerza lo que se llama "trabajo con sentido", donde sí se requiere de forma urgente el desarrollo de competencias personales porque es justo ahí donde está su riqueza.

La desvinculación de las emociones, la supremacía de lo técnico con las mencionadas especializaciones y al mismo tiempo la tremenda exigencia social y laboral de desarrollar competencias como liderazgo, empatía y tantas otras, nos llevan a enfrentar una serie de contradicciones que hacen que los *millennials* presenten características difíciles de manejar tanto por el medio familiar como laboral.

En las empresas se vive con mucha angustia la falta de compromiso, la liviandad a la hora de traicionar códigos de respuesta básicos en la organización y el surgimiento de trabajadores —afortunadamente— cada vez más empoderados, pero con dificultad para reconocer sus propios errores. Por otro lado, el mundo empresarial ha ido creando una cultura en la que en algunos casos parece ser genuina la preocupación por su gente, pero en otros se percibe como un mero discurso para aumentar la productividad. No obstante, esta inconsistencia tiene "piernas cortas" y es fácil de detectar en el modo y el trato cotidiano de muchos empresarios.

Esta generación *millennial* no quiere pagar costos ni desgastarse mucho y, al mismo tiempo, quiere el máximo de las ganancias. Van de lugar en lugar, sienten que saben más que los mayores y tienden a descalificar el aprendizaje desde la experiencia. Sin embargo, hay sectores —por supuesto los más privilegiados— que sienten que son más valiosas las experiencias que las cosas y están dispuestos a dejar todo lo estable en pos de un viaje que los lleve a conocer culturas diferentes. Esto puede sonar maravilloso y deseable en esencia si no se considerara un detalle no menor de la vida, y es que el tiempo pasa y nos vamos poniendo viejos, como diría la canción, y los vínculos afectivos y laborales son los únicos que siguen presentes en nuestra vejez.

Algunos estudios sugieren que los problemas a los que se enfrentarán estos grupos al ir pasando los años son la infertilidad y la soledad durante la vejez. Les puedo poner un ejemplo: supongan que me muero después de hacer este octavo libro, y que hasta aquí llegó lo que he escrito e investigado a lo largo de mi vida. Treinta años haciendo estudios, trabajando como loca en estos trayectos, endeudándome y pagando muchos costos personales... ¿cuánto tiempo creen ustedes que le van a dedicar en mi funeral a mis ocho libros? Con suerte cinco minutos, porque mis afectos hablarán de lo apasionada y obsesiva que era y de tantas cosas que nada tienen que ver con lo estudiado. Al final, ese día importarán los vínculos afectivos y lo que hice con ellos, que es lo único que queda en la vida. Sólo entonces valdrá la pena el esfuerzo cognitivo.

Toda esto no es para decir que esta generación tiene que volver a ser como éramos antes; muy por el contrario, los jóvenes de hoy tienen un sinnúmero de cosas muy valiosas, como la ausencia de miedo, el privilegio de poder disfrutar sin culpa y el haber aprendido a pensar en sí mismos y en sus derechos. Lo que les falta, en mi humilde opinión, es la educación en el amor y el potenciar vínculos permanentes que les permitan desde lo más simple construir historias que los sostengan de viejos; dado que, por lo demás, sus vidas serán más largas que las nuestras.

En esta investigación me encontré con jóvenes que quieren instrumentalizar peligrosamente sus vidas; me topé con una fuerza juvenil cada vez más potente que apunta al desarrollo social, político y ambiental, donde el bienestar y el salirse del sistema de consumo forma esperanzadoramente parte de sus sueños. Son jóvenes esforzados que desde distintos lugares socioeconómicos y desde una diversidad cultural maravillosa luchan por encontrar su propio espacio dentro de un sistema que les "obliga" a consumir y que ellos no quieren aceptar. Es como si en este mundo de "sentir para educar y educar para sentir" hubiera dos tendencias: una de jóvenes que sienten que las emociones alteran la productividad y disminuyen la eficiencia y que lo que importa es la especialización cognitiva y el dinamismo laboral para tener lo que se sueña que generalmente tiene que ver con cosas y experiencias. Sus motivaciones están centradas en sus vínculos primarios, lo que los lleva muchas veces a postergar decisiones personales por laborales que son las que los conducirán al éxito.

La otra tendencia igual de fuerte es la de jóvenes que necesitan redes y vínculos afectivos, que crean equipos y no sólo grupos de trabajo. Son personas que buscan afectos y son generadoras de emociones desde lo que hacen mostrando alegría y compromiso permanente en cada acción. Creen en lo que hacen y en lo que son capaces de transmitir a los demás con valores como la generosidad, el esfuerzo, la alegría y el trabajo colectivo. No sólo les importa la pobreza, sino también la desigualdad, y sienten que son responsables del medio y de la tierra que habitan.

Estas dos miradas laborares tan diferentes requieren distintos tipos de capacitación y entrenamiento en lo emocional, ya que en el primero de los casos habrá que potenciar la formación de vínculos y sentido de pertenencia, y en el segundo habrá que trabajar en la estabilidad en el tiempo de la pasión que se ejerce diariamente.

Creo que es fundamental en esta nueva mirada de lo laboral con estas fuerzas que se cruzan, que las empresas estén a la altura y dejen de llamar "recursos humanos" a las personas que son el motor y razón de todas las organizaciones. Las personas no sólo pertenecen, SON las organizaciones, y éstas no existirían sin ellas. Por lo tanto, más allá de la productividad deseada por todos, se requiere una mirada moderna que estimule los nuevos tipos de trabajo y liderazgo, junto con afinar el compromiso y la identidad tanto de los trabajadores como de las organizaciones, que hoy están llamadas a una permanente transformación.

Las organizaciones laborales tienen la obligación de preocuparse por su desarrollo emocional y formar a los trabajadores para los tiempos que vienen, que seguramente serán más complejos y no podremos abordarlos sólo con la información entregada desde lo formal.

La educación no está "dando el ancho" a la hora de preparar personas capaces, educadas y emocionalmente sanas para aportar a las empresas y a sus mundos privados con el mismo entusiasmo. Ya no se puede hablar de equilibrio o conciliación trabajo-familia, porque no hay nada que conciliar ni equilibrar. Los seres humanos tenemos la obligación y el privilegio de poder disfrutar de estos dos espacios sin sentirlos como una carga y sí como una fuente inagotable de aprendizaje y crecimiento. Se nos ha puesto en permanente disyuntiva entre estos dos mundos que se presentan como antagónicos, pero que se necesitan como complemento permanente para el desarrollo integral de los seres humanos.

No cabe duda de que la forma de trabajar cambió, cambia y lo seguirá haciendo en el corto plazo. La tecnología podrá llevarnos, por ejemplo, a trabajar desde la casa como mucha gente quisiera, con lo que habrá que ir evaluando si la sociabilidad se alterará o si el estar más tiempo en la casa ayudará en el fortalecimiento familiar.

Cuando se piensa, por ejemplo, en disminuir la jornada laboral en muchos de nuestros países donde el valor de lo presencial es tremendo y la eficiencia y eficacia no mejoran, es fundamental preguntarse si, al tener más tiempo libre, sabremos qué hacer con el ocio y el descanso. Creo positivamente que no sabemos descansar y que nuestro tiempo libre, en muchos casos, se reduce a estar inmersos en el consumismo, a ver pantallas de televisión o dispositivos por largos ratos y no al encuentro con otras personas y a actividades que nos servirían como aporte al desarrollo individual y colectivo.

A veces los cambios legales son más rápidos que los mentales y sociales, y esto nos lleva a estar cada vez más atentos a las consecuencias que éstos tienen en el mundo emocional y las transformaciones en el ámbito de lo laboral. En este sentido, ha sido sorprendente cómo ha aumentado la oferta de seminarios y capacitaciones sobre "felicidad y trabajo", que reflejan profundamente el caos emocional en el que vivimos. Además del deficiente trabajo de los países u organizaciones, nos lleva a pensar en algo que debería ser natural y que tiene que ver con el disfrute y la pasión en lo que hacemos cotidianamente, que es la felicidad. Cómo estaremos de mal a nivel emocional, que tienen que venir expertos a decirnos cómo ser felices en nuestro mundo laboral y, de pasada, darnos pautas de cómo serlo en la familia sin que eso afecte la productividad de la organización. Sin duda, un horror que habla de lo mucho que se necesita la reeducación emocional en todos los sectores de la sociedad.

Siempre me ha preocupado en mi vida profesional la dependencia de criterios externos para crear convicciones que deberían ser internas. Yo misma dije, en algún momento, que mi máxima aspiración espiritual era que nadie necesitara de una conferencia, una investigación ni tampoco un libro mío.

Las verdades están en el interior de cada uno de nosotros, no en los videos, los PowerPoint y tantas otras fórmulas que se transforman en transmisores de verdades. Espero con ansias que gerentes y personal de las organizaciones vuelvan a confiar en su capacidad emocional y cognitiva para mantener conectadas a sus audiencias sin "muletas" que los apoyen para decir lo que saben que tienen que decir.

En síntesis, este capítulo es un llamado a todos los estamentos sociales a volver a centrar el trabajo en un aprendizaje continuo desde lo emocional y lo social, cuidando los derechos y responsabilidades compartidas y apelando a que los beneficios bien ganados sean aprovechados por todos y no sólo por unos pocos. "Si a mí me va bien, le tiene que ir bien a todos los que me rodean." Este principio social básico se debe educar, a mi juicio, desde lo emocional primero y después desde lo cognitivo, ya que para vivirlo se debe trabajar en la importancia del otro como individuo; porque es un otro igual a mí que requiere ser tratado como a mí me gustaría que me trataran. Pero para llegar a esta regla básica de convivencia social nos falta tanto que hay que seguir luchando para no perder la esperanza.

- Este capítulo pretende generar conciencia en el mundo laboral público y privado de que los tiempos han cambiado y que la generación que está entrando hoy al mundo del trabajo es muy distinta de la nuestra; pero tiene tantas ganas de vivir la vida como lo hicimos nosotros.

- Cambiarle el nombre o la percepción a los llamados "recursos humanos" en las empresas, y enfocarse realmente en las personas, porque es de vital importancia para la generación de vínculos emocionales de los trabajadores y las organizaciones productivas.

- Tomando en cuenta los cambios en las concepciones de liderazgo, estabilidad laboral y productividad, se hace fundamental cambiar el giro desde lo cognitivo hacia lo emocional. Se debe llegar a que la gente tenga canales de participación para decir lo que siente de forma adecuada y libre, para poder potenciar todas sus pasiones alegre e intensamente. Estos canales deben ser reforzados desde lo comunicativo y también desde el trabajo interno.

- Es fundamental crear cada vez más espacios que permitan a las mujeres y hombres educar a sus hijos, compartir sus enfermedades y las instancias importantes de su vida, sin que eso atente contra su estabilidad laboral, ya que los índices de sufrimiento emocional por no tener tiempo para la vida personal son enormes y con costos incalculables para la salud pública.

Aspectos sociales que influyen en la educación emocional

Einstein tenía una frase que amo y que intenta ser la dirección de este libro: "Si buscas resultados distintos, no hagas siempre lo mismo". De acuerdo con todo lo estipulado en este estudio, está claro que la educación no es sólo un proceso de evaluación dentro de una sala de clases, como tampoco sólo esos elementos cognitivos medibles en pruebas estandarizadas. Claramente es un proceso complejo que llega hasta lo más profundo del ser humano y que apunta a su calidad humana casi en un sentido antropológico y, por qué no decirlo, espiritual, que no es lo mismo que religioso.

En el recorrido de esta investigación —en el que he escuchado a miles de personas— concluyo que nos enfrentamos a un ser humano que llegó a ser adulto sin saber bien cómo lo hizo, y en el marco de un sistema que en treinta años se ha modificado por completo, tanto en lo laboral como en lo social. Esto seguramente seguirá cambiando mucho más y, en el futuro, nos veremos más estremecidos por poderes mediáticos que nos inducen a pensar de determinadas formas y que apoyan sistemas educacionales que valoran lo cognitivo, porque lo emocional es muy riesgoso de manejar. Esto es seguir repitiendo formas educativas basadas en un concepto casi arcaico de inteligencia y en donde prima la evaluación externa y el no hacerse cargo del proceso educacional.

Hace un tiempo se pensaba que la gente inteligente era la que tenía determinadas capacidades cognitivas para enfrentar la vida y desde ahí se crearon todos los rangos intelectuales que se han podido inventar. Después dijimos que no, que en realidad la gente inteligente era la que manejaba sus emociones y que además era capaz de expresarlas de acuerdo con el contexto. A esto se le llamó inteligencia emocional, lo que, a mi juicio, dejó como consecuencia negativa una sociedad contenida que graduaba todo lo que sentía para parecer y ser evaluada como "equilibrada".

Sin embargo, en los tiempos actuales estamos entrando en una nueva era que se siente por todas partes y que, personalmente, creo, tiene altas repercusiones en el rumbo de las pautas educativas. Me refiero a la inteligencia espiritual y que básicamente tiene que ver con encontrar "sentido" y trascendencia en lo que hacemos.

La búsqueda de sentido —desde el para qué me levanto y para qué hago lo que hago— parece ser la gran pregunta cotidiana de millones de personas. Es aquí donde la frase de Einstein cobra tanto sentido: no podemos seguir privilegiando lo cognitivo si lo que la humanidad está haciendo es intentar encontrar sentido a lo que hace.

Desde ahí la invitación a sentir, a educar en el mirarse hacia dentro, al hacerse cargo de nuestra felicidad y a buscar desde el interior hacia fuera y no al revés, adquiere sentido y hace que valgan la pena los esfuerzos y desvelos. Sobre los países evaluados en estos temas que nos atañen, algunos tienen resueltas ciertas cosas; me refiero a Ecuador, Bolivia, Perú y Colombia, que no presentan mayores problemas en la relación con la autoridad y donde el respeto a padres y maestros es aceptable. En otros países —lamentablemente el mío—, en cambio, este "piso" está más frágil.

Prácticamente todos los países viven en un sistema de libre mercado que es agresivo, que valora la competencia por sobre todas las cosas y donde sólo se piensa en el ser humano cuando intervienen los análisis productivos; sólo importa en ese contexto mejorar las condiciones emocionales.

Se sigue pensando —nos guste o no— que la expresión de emociones es un debilitador de la productividad, cuando es absolutamente lo contrario: mientras más expresión emocional haya, mejor salud y bienestar mental se denota; por ende, mayor productividad y menor gasto social.

Invertir en las emociones no sólo es un buen negocio, sino que además es una capitalización y un ahorro sin medida en la salud, el bienestar social y, por supuesto, en la educación. La cultura del miedo que nos hace consumir y sentir como propios aquellos afectos y cosas que sólo pasan por nosotros —como los hijos, las parejas, la casa propia, el auto, etcétera— son, quizás, el mayor obstáculo en una educación para desarrollar habilidades emocionales activas.

Queremos niños autónomos e independientes, y si alguno piensa o actúa "diferente" es sometido por el sistema. Se ven obligados a adaptarse al canon y por eso hay cursos enteros con niños medicados para que funcionen todos iguales y sean "manejables".

Estamos sumergidos en un sistema agresivo, alienante y disociador desde el cuerpo hasta el alma. Nos cuesta entender y creer de verdad que el cuerpo "habla" o nos transmite información y es impresionante cómo todos los centros de salud están llenos de gente enferma emocional y físicamente por la falta de educación de las emociones en nuestros pueblos. Nos cuesta creer que la ciencia no puede explicarlo todo y que a veces el sentido común es el menos común de los sentidos.

No acabamos de entender que hay formas de conocimiento que trascienden lo formal y que volver a lo natural y a escuchar sus ritmos es una hermosa forma de sabiduría. El enseñar, por ejemplo, a los niños a respirar y a meditar desde pequeños sería, a mi juicio, una estupenda forma de empezar a introducirlos en el "sentir" y a conectarse con el aquí y el ahora desde la sala de clases. Tendría maravillosas consecuencias en el rendimiento y la concentración de los niños.

Sin embargo, entre otras cosas, estamos manejados por industrias alimentarias, mediáticas y farmacológicas que nos dicen qué comer, cómo mejorarnos y, sobre todo, a qué temas debemos darle importancia y a cuáles no.

Los espacios de libertad parecen menores y los campos de elección se van estrechando sin las tan importantes preguntas internas. Las evaluaciones son externas y con poca reflexión. No se enseña o se enseña poco a analizar o pensar y, sobre todo, a pensar distinto; por eso la labor del Estado —y no de los gobiernos— resulta fundamental en el desarrollo, la estimulación y la expresión de emociones de un pueblo.

La educación cognitiva es sólo una parte de lo que hoy deberíamos entender por educación integral, emocional o, como se dice ahora, educación de calidad. En este contexto es importante definir socialmente qué se entiende por progreso, bienestar y tantas otras palabras que usamos a diario y que están lejos de ser aclaradas para educar de acuerdo con ellas.

Personalmente, creo que el crecimiento económico no debe ser el único factor que explique el desarrollo de un país. Existen otros factores con procesos más complejos que van creando realidades y que apuntan a disminuir la desigualdad para aumentar las oportunidades con el fin de que todos puedan desarrollar sus habilidades físicas y emocionales para que desde ahí se puedan valorar y definir los criterios sociales que producen un equilibrio entre los derechos y los deberes de la sociedad.

Parece que estuviera escribiendo una declaración de principios educativos como cualquier contrato que todos los días firman miles de padres y madres al ingresar al sistema formal de educación. Pero es que es muy importante resucitar el sentido comunitario de la educación: esa que se aprende en la calle, con los vecinos y en los parques. Este sentido comunitario en muchas ocasiones es más importante y, sobre todo, más real que el que surge dentro de muchas instituciones que tienden a alienar y desmembrar a sus integrantes de su contexto social más amplio, para dejarlos reducidos a una especie de gueto.

Entender la educación desde un sentido social y participativo en lo cotidiano parece ser una exigencia de la que nos tendremos que hacer cargo, nos guste o no. Por eso dije al inicio de esta "aventura" que éste era un estudio que me pedía mucho compromiso social y, sobre todo, que no decepcionara a la gran cantidad de gente que participó, haciendo parecer el tema más suave de lo que era. Éste debe ser el libro más serio —en el sentido de menos divertido— que he escrito. He intentado poner en él todo el humor posible y espero haberlo logrado a ratos, pero el tema me avergüenza, me angustia y me quita las ilusiones de pensar, como es mi tradición, en positivo.

Estamos tan en deuda con nuestros niños, con nuestros jóvenes y con un sistema social que es injusto y arbitrario, que cualquier elemento que ayude a recuperar lo esencial de lo educativo puede ser una ayuda. Y lo esencial de la educación es la transformación del ser humano desde lo profundo hasta lo más superficial. Es mover pasiones, mostrar caminos, generar encuentros y contribuir con la búsqueda interna de procesos que nos hagan seres sociales con buenas capacidades de adaptación; pero, al mismo tiempo, con grandes potenciales creativos para transformar el mundo a través de actos libres y responsables.

Aprender a reírse libremente, a bailar y a llorar cuando uno tiene la necesidad, así como a comunicar lo que se siente no olvidando el contexto, forman esa base que muchas veces es más relevante que el apresto para aprender a leer y a escribir. La base del aprendizaje es emocional y física antes que cualquier cosa, y sobre ésta debe construirse después el proceso educativo.

Vivimos en un mundo donde se le da prioridad a la eficiencia, donde la astucia se valora más que la bondad y donde el discurso de la responsabilidad social muchas veces es nada más un discurso. La caridad debe empezar por casa y no terminar ahí; debe ser el comienzo de una mirada hacia el otro, donde lo emocional y lo valórico sean el primer eslabón de un buen desarrollo.

Sin querer o queriendo, nuestros referentes sistémicos son en muchos casos los estadunidenses; quienes hacen énfasis en lograr los objetivos olvidando los procesos y para quienes el éxito tiene que ver con un estado de bienestar que es bastante desechable, para así seguir consumiendo y manteniendo el sistema que los gobierna.

Es desde esta conciencia que esta investigación tiene sentido y esperanza. Es entender la educación como un proceso comunitario que trascienda los colegios, los que muchas veces simplemente domestican a los niños sin generar procesos de reflexión. Esta investigación es una invitación a volver al ser humano, al silencio, a las preguntas y a la búsqueda de las interrogantes más básicas. Este libro, sin duda el más difícil que he escrito, me ha hecho hacer catarsis en procesos terapéuticos, para sacar el enojo o la rabia, la vergüenza y la impotencia de ver cómo le fallamos a nuestros niños todos los días desde nuestro testimonio frente a la vida.

Estamos intentando, por muchos medios, aumentar nuestros niveles de conciencia para ser más responsables, libres y amorosos con el mundo que nos toca aceptar y transformar todos los días. Este trayecto es un llamado al mundo familiar, a establecer límites, pautas claras y eficientes para educar a nuestros hijos.

Se requieren padres y madres comprometidos con la labor educativa y no sólo a administradores cotidianos de sus vidas. Se necesitan, con urgencia, padres que den testimonio de alegrías y tristezas y que muestren que sus grandes fortalezas están en sus vulnerabilidades. Padres que expresen lo que sientan, que rían, lloren, canten y bailen libremente, sin ser criticados por sus propios hijos. Se necesitan padres comprometidos con sus escuelas y participando activamente del proceso educativo de sus hijos desde lo cognitivo, pero fundamentalmente desde lo emocional y cotidiano.

Asimismo, se requiere de una escuela renovada, con metodologías tradicionales y, al mismo tiempo, nuevas, que se complementen y que acojan a profesores y maestros motivados, soñadores y valorados por todo el amplio espectro social, pasando, por supuesto, por lo económico.

Necesitamos una educación que entienda —sobre todo en los países que transitamos por dictaduras— la diferencia entre autoridad y autoritarismo, sin el temor de volver al pasado.

Se requiere una educación que de verdad y no sólo en el discurso eduque desde las diferencias y no haga como que las valora para después terminar uniformando u homologando a los distintos seres humanos desde la ropa hasta las casas en las que viven. Una educación incluyente, que piense en la muerte como conciencia para que nunca se nos olvide que el último sentido de la educación es la trascendencia, y que ésta se obtiene después de haber vivido. En muchas ocasiones hay que morir para que las ideas surjan con más fuerza y es por eso que los testimonios y la pasión son los mejores elementos para educar en emociones. Sin estos dos ingredientes, cualquier expresión emocional es infértil e intrascendente.

Se necesita una educación superior que haga gala de su nombre y que impulse a los jóvenes a buscar sus sueños y vocaciones y no sólo una carrera o trabajo bien remunerados. Se requieren mundos laborales donde el crecimiento y la productividad no sean el único objetivo, y donde el ser humano importe *per se* y no sea considerado sólo como elemento en la cadena de la productividad.

Todo esto puede parecer ingenuo, pero no lo es. Porque si es que las cosas se hacen bien desde el principio, si desde el origen se cuidan la nutrición y los afectos, se homologan las oportunidades educando en bondad —con toda la dificultad que esto puede generar—enseñando la expresión emocional y los límites claros, se potencia un desarrollo emocional autónomo que valore y asuma las consecuencias de los propios hechos. Si se ejerce presión sobre quienes están en deuda (las instituciones, principalmente) y dejan de proteger a los que agravian, entonces estaremos educando distinto. Estaremos previniendo y no actuando tarde, cuando no hay mucho por hacer.

Al reemplazar las mal llamadas *habilidades blandas* por *competencias personales* y sustituir el concepto *recurso* humano por *factor* humano, nos enfocaremos acertadamente en los niños y jóvenes. Y todo lo que hagamos por ellos, repercutirá, obviamente, en la sociedad que queremos llegar a tener para todos.

Necesitamos niños empáticos, solidarios, nobles, creativos y diferentes; niños capaces de observar hacia dentro de sí para conseguir sus sueños sin miedos, sin culpas ni estructuras rígidas que los castren. Para esto, debemos enseñarles a volver a mirar la naturaleza y no sólo la tecnología;

a que se conecten con los ritmos naturales y no sólo artificiales, para que desde ahí salgan a buscar con fuerza lo que quieran construir para sus vidas.

Sé que no le voy a cambiar la vida a nadie con mi trabajo, lo he dicho cientos de veces, pero si una sola familia que participa del cambio que propongo en este estudio, un solo maestro se vuelve a encantar con su misión y una sola escuela se reencuentra con su tarea a pesar de todas sus planificaciones impuestas, entonces quiere decir que este difícil trayecto encontró su sentido. Con que haya un solo niño educado no sólo para saber, sino para sentir la vida, y que el día de mañana sea un motor de cambio social, que pueda ser capaz de sentir la educación que ha tenido y enseñar a otros a "sentir para poder educar", sólo entonces, me daré por pagada.

Estoy terminando esta caminata que me ha hecho llorar, reír y trabajar en terapia. He escuchado a miles de personas, he realizado un trabajo intelectual complejo porque, como todo en la vida, tuve que requerir mucho valor para ser consecuente con las historias escuchadas y con los testimonios generosamente recogidos.

Éste es mi libro menos gracioso, sin duda, pero tal vez la risa venga cuando apliquemos los conceptos expuestos y veamos que sí es posible realizar un cambio sustancial. Cuando veamos niños felices cumpliendo sueños —aunque no siempre estén contentos—, cuando los veamos agradecidos por sus tareas y con la satisfacción de poder cumplirlas ejerciendo libremente sus derechos, entonces nos darán ganas de reír al ver que estamos saldando nuestra deuda emocional.

Ojalá que nos encontremos de nuevo en otro camino con temas más divertidos o fáciles, suponiendo que existe algún tema sencillo que tome al ser humano como centro de transformación. Gracias por acompañarme y por entrar conmigo en la pasión de la transformación de conciencia emocional que nuestra educación requiere con urgencia y que nuestros niños y niñas se merecen y esperan con ansiedad. De todo corazón espero que les podamos dar respuesta al margen de los beneficios políticos o económicos que los han tenido de rehenes por mucho más tiempo de lo necesario.

Agradecimientos

Este año he tenido que trabajar mucho dentro de mi proceso terapéutico. Lo resumo en dos palabras: confiar y agradecer. Son muchos a los que tengo que mencionar: primero a Dios, como energía superior, y a la vida por protegerme y llevarme de la mano en este proceso.

A mis padres, que me han cubierto y contenido en este camino y que me han mostrado que lo que soy es gracias a ellos.

A mis hijos, Nicole y Cristián, que han demostrado ser los maestros a los que muchas veces tengo que escuchar por toda la sabiduría que me entregan. Les agradezco su compañía, sus ausencias y lo que han sido capaces de construir en su transformación de mayores de edad a adultos.

A mi asistente Adriana, y a Pablo y Marisa, mis compañeros de viaje, porque sin ellos nada de esto sería posible. No me suelten de sus manos.

A Josefina, mi editora, que entendió la dificultad de este proceso y supo criticarme, corregirme y estimularme para transitar este camino. Lo mismo debo agradecerle a mi agente literario, Guillermo Schavelzon. ¡Los quiero!

A mis hermanas, por lo que aprendo de ellas en la presencia y en la ausencia. Las quiero.

A mis amigas, hermanas de la vida, que me han acompañado en mis angustias, errores, llantos y risas en forma silenciosa, pero clara. Con la edad, las amigas se vuelven cada vez más importantes.

A mis amigos, compañeros maravillosos que comprueban que la amistad entre lo femenino y lo masculino existe. Para mí han sido un "roble en el que me he podido apoyar".

Especialmente quiero agradecer a Gabriel Rolón, Facundo Manes, Roberto Méndez, Jorge Alfredo Vargas, Jorge Bucay, Demián Bucay, Lili Orel, Patricia May, Amanda Céspedes, Coco Legrand, Fernando Vigorena, Pepe Auth, Abel Albino, entre varios otros que fueron inspiración para este tema. Los admiro y quiero mucho.

A Claudia Bloise, Jessica Titelman, Jaime Hales, Teresa Hales, Paula Armijo, Eugenia Tobal y Adriana Castillo, que revisaron y comentaron este peregrinaje. Gracias por no dejarme sola en ningún momento.

Quiero dar un espacio para agradecer particularmente a Jaime y Teresa Hales por aceptar presentar mi libro en Chile y por todo el trabajo que les di en contener mis miedos y mis inseguridades en este proyecto.

A mis terapeutas Elia Parada y Carmen Barros, dos mujeres chamánicas, bellas y sabias, de esas que enseñan o muestran caminos. Gracias por haber sabido retarme, contenerme y enseñarme a sacar a muchas "Pilares" para este camino.

A todos y todas las que participaron en las encuestas, talleres, conversaciones y discusiones apasionadas. Son el tronco de todo lo expresado y espero haber sido una buena traductora de lo escuchado.

En fin, gracias a todos y a todas los que se han cruzado en el camino de mi vida; he aprendido de todos y todas. Sigamos caminando.

Esta obra se imprimió y encuadernó
en el mes de enero de 2019,
en los talleres de Impregráfica Digital, S.A. de C.V.,
Av. Coyoacán 100–D, Col. Del Valle Norte,
C.P. 03103, Benito Juárez, Ciudad de México.